NICZYM WIĄZKA TRZCINY

Dlaczego jedność i wzajemne poręczenie są obecnie potrzebą chwili

Dr Michael Laitman

LAITMAN
KABBALAH
PUBLISHERS

Michael Laitman © 2024

Laitman Kabbalah Publishers

Akademia Kabały Bnei Baruch
polska@kabbalah.academy
www.kabbalah.info/pl

Przekład: Daniel Kiewro

ISBN 9798873176762

SPIS TREŚCI

SŁOWO WSTĘPNE
Widmo i duch

Dlaczego zacząłem pisać
tę książkę

Urodziłem się w sierpniu 1946 roku w mieście Witebsk na Białorusi. Było to drugie lato po zakończeniu drugiej wojny światowej i życie toczyło się powoli, kuśtykając krok za krokiem w stronę przyjaznej monotonii swojej normalności. Będąc pierworodnym dzieckiem ojca dentysty i matki ginekologa, miałem raczej beztroskie dzieciństwo, wygodnie dorastając w podmiejskiej dzielnicy, nietrapiony materialnymi troskami, które to zajmowały większość z moich przyjaciół z czasów dzieciństwa.

A jednak pewien cień towarzyszył mi przez całe moje dzieciństwo, a nawet przez cały okres bycia nastolatkiem. Było to widmo Holocaustu, którego wielu postanowiło nigdy nie wspominać, chociaż obecne było zawsze. Imiona członków rodziny czy przyjaciół, którzy zginęli, były wymieniane w ponurym tonie, który przydawał im tajemniczą obecność, jakby byli oni wszyscy ciągle z nami, chociaż dobrze wiedziałem, że ich jednak nie ma.

Jeszcze dziwniejszą była odraza moich rosyjskich rówieśników wobec Żydów. Dzieci, z którymi dorastałem, nienawidziły Żydów po prostu dlatego, iż byli oni Żydami. Dobrze wiedziały, co się stało z ich żydowskimi sąsiadami niewiele ponad rok temu, ale były tak samo szydercze i nieprzychylne w stosunku do Żydów, jak przed wojną, o czym mówili starsi wokół mnie. Tego nie mogłem wcale zrozumieć. Dlaczego były aż tak nienawistne? Jakież to niewybaczalne zło wyrządzili im Żydzi? I gdzież się nauczyły tych wszystkich przerażających opowieści o rzeczach, które Żydzi mogliby im uczynić?

Jak można się było spodziewać po synu rodziców o zawodach medycznych, ja również podjąłem profesję medyczną jako swoją karierę „z wyboru". Studiowałem biocybernetykę medyczną, naukę badającą systemy ludzkiego ciała, i zostałem naukowcem, badaczem w Petersburskim Instytucie Badawczym Krwi. I kiedy oddawałem się fantazjom, kiedy to z dumą uśmiechałem się przy mównicy w Sztokholmie jako zdobywca nagrody Nobla, wtedy to już głębsza pasja, którą ukrywałem w sobie, zaczęła wydobywać się na powierzchnię mojej świadomości.

„Chcę zrozumieć *system*", zacząłem myśleć, „aby wiedzieć, jak to *wszystko funkcjonuje*". Ale przede wszystkim zacząłem zastanawiać się, *dlaczego* wszystko było takie, jakie było.

Będąc naukowcem, zacząłem szukać odpowiedzi naukowych, które mogłyby wyjaśnić *wszystko*, nie tylko jak obliczyć masę obiektu lub przyspieszenie jego upadku, ale – przede wszystkim - co spowodowało, iż obiekt ten *w ogóle zaistniał*.

A ponieważ w nauce nie mogłem odnaleźć odpowiedzi na to pytanie, postanowiłem pójść dalej. Po dwuletnim okresie bycia jako „refusenik" (sowieccy Żydzi, którym odmówiono zezwolenia na emigrację za granicę) w końcu dostałem stosowne pozwolenie i wyjechałem do Izraela w 1974 roku.

W Izraelu wciąż poszukiwałem sensu oraz przyczyny wszystkiego. Dwa lata po moim przyjeździe do Izraela zacząłem studiować Kabałę. Ale dopiero w lutym 1979 r. znalazłem swojego nauczyciela, Rabasza, pierworodnego syna i następcę Rawa Jehudy Lejba Ha-Lewi Aszlaga, znanego jako Baal HaSulam (Właściciel drabiny) ze względu na jego komentarz *Sulam* (Drabina) do *Księgi Zohar*.

W końcu moje modlitwy zostały wysłuchane! Każdego dnia, o każdej godzinie pojawiały się we mnie wciąż nowe objawienia. Kawałki układanki rzeczywistości łączyły się ze sobą, jeden za drugim, co sprawiło, iż zaczął formować się przede mną spójny obraz całego świata, tak jakby sama mgła nabierała konkretnego kształtu przed moimi przerażonymi oczami.

Moje życie uległo przemianie, a ja sam zanurzyłem się w swoich studiach i pomagałem Rabaszowi w jakikolwiek sposób było to możliwe. Miałem to szczęście, iż mogłem utrzymywać swoją rodzinę dzięki zaledwie kilku godzinom pracy każdego dnia, a resztę czasu poświęcałem na chłonięcie tej mądrości tak bardzo i głęboko, jak tylko mogłem.

Miałem wrażenie, iż żyłem rzeczywistością marzeń. Miałem wspaniałą rodzinę, żyłem w kraju, w którym naprawdę czułem się wolny; z łatwością zarabiałem na życie i znalazłem odpowiedzi na moje życiowe pytania.

Jedno z tych uporczywych pytań dotyczyło nienawiści do Żydów. W Kabale odkryłem, dlaczego tak się dzieje, dlaczego to wciąż trwa i, co najważniejsze, co należy zrobić, aby ten stan uleczyć. W rzeczy samej antysemityzm jest raną w sercu ludzkości, echem niezagojonego bólu, jaki świat nosił przez prawie 4000 lat, odkąd Abraham, nasz Patriarcha, opuścił Babilon.

Kabała nauczyła mnie, iż Abraham zaproponował swemu ludowi, aby się zjednoczył i ponownie stał się narodem „z jednym językiem i jedną mową" (Rdz. 11:1), oraz tego, że król Nimrod, ówczesny władca Babilonu, chciał powstrzymać Abrahama przed rozpowszechnianiem jego idei. Stopniowo doszedłem do wniosku, że świat obecnie potrzebuje tej samej jedności, koleżeństwa i wzajemnej gwarancji, jaką Abraham rozwinął i kultywował wraz ze swoją grupą oraz potomstwem, a czemu przeciwny był Nimrod, który powstrzymał Abrahama od obdarowania nimi swoich babilońskich braci i sióstr.

Podczas pewnej porannej lekcji mój nauczyciel – Rabasz – nauczał mnie „Wstępu do Księgi Zohar" Baal HaSulama. Pod koniec tego tekstu Baal HaSulam napisał, że dopóki Żydzi nie obdarzą świata wiedzą i wskazówkami prowadzącymi do jedności, narody świata będą nienawidzić Żydów, poniżać ich, dążyć do wypędzenia ich z kraju Izraela oraz dręczyć ich wszędzie tam, gdzie będą się oni znajdować. Przeczytałem ten niezgłębiony esej już wcześniej, ale tego ranka miał on na mnie znacznie głębszy wpływ. Poczułem wtedy, że właśnie pojawia się kolejny etap mojego rozwoju.

Później tego samego dnia udaliśmy się do Kfar Saba, małego miasteczka niedaleko Tel Awiwu, do Kolelu (żydowskiego seminarium), nazwanego na cześć mojego szacownego mentora. W jego piwnicy Rabasz pokazał mi średniej wielkości karton wypełniony po brzegi odręcznie napisanymi kawałkami papieru. Zapytał mnie, czy mogę zabrać to do samochodu i przewieźć z powrotem do jego domu.

Włożyłem pudło do bagażnika i w drodze powrotnej zapytałem go, jakie dokumenty znajdują się w tym pudełku. Wtedy bezceremonialnie mruknął: „Kilka starych rękopisów Baal HaSulama”. Spojrzałem na niego, ale on patrzył prosto na drogę i milczał przez cały czas.

Tej nocy światła w kuchni Barucha Aszlaga paliły się całą noc. Zostałem tam z nim i skrupulatnie czytałem każdy skrawek papieru, dopóki nie znalazłem takiego, dzięki któremu nie musiałem szukać dalej. Był to fragment układanki, którego szukałem, nawet o tym nie wiedząc. Okazał się on kamieniem węgielnym, moim pierwszym krokiem w marszu, który podjąłem.

Dokument, który znalazłem, a który jest teraz częścią „Pism ostatniego pokolenia” Baal HaSulama, opowiada historię agonii i pragnienia, miłości i przyjaźni, uwolnienia oraz zaangażowania. Oto słowa, które wtedy znalazłem: „Jest taka alegoria o przyjaciołach zagubionych na pustyni, którzy byli bardzo głodni i spragnieni. Jeden z nich odnalazł osadę, obfitującą we wszystkie rozkosze. Pamiętał on o swoich biednych braciach, ale już oddalił się od nich znacznie i nie wiedział, gdzie przebywają. ...Zaczął wtedy głośno krzyczeć i dąć w róg, aby jego biedni, głodni przyjaciele usłyszeli jego głos i przybyli do bogatej osady, pełnej wszelakiego dobra”.

„Tak samo jest w naszym przypadku: zgubiliśmy się na straszliwej pustyni wraz z całą ludzkością, ale teraz odnaleźliśmy wielki, obfity skarb, a mianowicie księgi Kabały. Wypełniają one nasze pragnące dusze i napełniają nas obficie dobrem i zgodą".

„Jesteśmy nasyceni, a jest jeszcze więcej, ale pamięć o naszych przyjaciołach pozostawiona beznadziejnie na straszliwej pustyni tkwi głęboko w naszych sercach. Odległość jest wielka, a słowa nie są w stanie wznieść pomostu pomiędzy nami. Z tego powodu ustawiliśmy ten róg, aby głośno w niego zadąć po to, ażeby nasi bracia mogli go usłyszeć, przybyć i być tak szczęśliwi jak my".

„Wiedzcie, nasi bracia, ciało nasze, iż istota mądrości Kabały zawiera się w wiedzy o tym, jak świat zstąpił ze swego wysokiego, niebiańskiego miejsca do naszego niegodziwego stanu. [...] Dlatego też bardzo łatwo jest odnaleźć w mądrości Kabały wszystkie przyszłe naprawy, które pochodzą z doskonałych światów, które nas poprzedzały. Dzięki temu będziemy wiedzieć, w jaki sposób mamy korygować nasze ścieżki".

„...Wyobraźmy sobie na przykład, że dziś odnaleziono jakąś starożytną książkę, która przedstawia ostatnie pokolenia za dziesięć tysięcy lat od chwili obecnej, opisując zachowanie zarówno jednostek, jak i całego społeczeństwa. Nasi przywódcy szukaliby każdej rady, aby odpowiednio zorganizować tutaj życie, i doszlibyśmy do stanu „żadnego krzyku w naszych rozległych miejscach". Ustałyby wtedy korupcja i straszliwe cierpienia, a wszystko inne weszłoby spokojnie na swoje miejsce".

„A teraz, szanowni czytelnicy, książka owa leży tu przed wami na półce. Jasno tłumaczy całą mądrość działań politycznych i zachowań życia prywatnego oraz publicznego, które będą miały miejsce pod koniec dni naszych. To w księgach Kabały przedstawione są światy naprawy. ...Otwórz te księgi, a odnajdziesz w nich wszystkie dobre postawy, które pojawią się pod koniec dni, a także znajdziesz w nich mądre lekcje, dzięki którym możesz już dzisiaj właściwie ustawić swoje materialne sprawy".

„...Nie mogę się już dłużej powstrzymywać. Postanowiłem ujawnić sposoby naprawy naszej przyszłości, które to odkryłem poprzez obserwację i czytanie tych książek. Postanowiłem wyjść do ludzi świata z tym rogiem i wierzę, a także oceniam, iż wystarczy zgromadzić wszystkich, którzy zasługują na to, aby zacząć studiować i zagłębić się w księgach. W ten sposób umieszczą oni siebie oraz cały świat na szali zasług"[1].

Około roku po znalezieniu tych dokumentów opublikowałem swoje pierwsze trzy książki przy wsparciu i dzięki radom mojego nauczyciela. Od tego czasu stale publikuję książki, a także rozpowszechniam Kabałę za pomocą wielu innych środków przekazu.

Dzisiejsza rzeczywistość jest bardzo trudna, a ludzie często nie mają ani cierpliwości, ani pragnienia zagłębienia się w książki, jak to sobie wyobrażał Baal HaSulam. Jednakże istota tej mądrości, miłość i jedność, które są podstawami rzeczywistości i które Kabała wszczepia swoim praktykującym, pozostaje tak prawdziwa, jak zawsze.

Co więcej, od początku tego stulecia antysemityzm po raz kolejny ulega nasileniu, tym razem na całym świecie. Widmo nienawiści Żydów zapuściło swoje korzenie na całym świecie. Rozprzestrzeniając się skrycie i w sposób jadowity, grozi zainfekowaniem całych narodów judeofobią oraz powtórzeniem wszystkich okropności z naszej przeszłości.

Ale teraz znamy już na to lekarstwo. Ilekroć Żydzi jednoczą się, wąż chowa swoją głowę. Duch koleżeństwa i wzajemnej odpowiedzialności zawsze był naszą „bronią", naszą tarczą do obrony przed niepowodzeniami. Teraz powinniśmy wskrzesić tego ducha, okryć się nim i pozwolić, aby ogarnęło nas jego uzdrawiające ciepło. A kiedy już to zrobimy, musimy dzielić się tym duchem z resztą świata, ponieważ takie jest nasze powołanie – istota naszego bycia „światłem dla narodów".

A więc, ponieważ wszyscy potrzebujemy odpowiedzi na nasze najgłębsze pytania, ponieważ głęboko w środku wszyscy Żydzi chcą poznać lekarstwo na antysemityzm i ponieważ jest to spuścizna mojego nauczyciela oraz nauczyciela mojego wspaniałego nauczyciela, a zarazem jego ojca, postanowiłem szczegółowo przedstawić to, czego się od nich nauczyłem. Nauczyli mnie, co to znaczy być Żydem, co to znaczy być zaangażowanym i co oznacza dzielić się. Ale przede wszystkim nauczyli mnie, co to znaczy kochać jak Stwórca.

Wprowadzenie

„Jeśli człowiek weźmie wiązkę trzciny, nie może jej złamać na raz. Ale jeśli weźmie on osobno każde źdźbło, wtedy nawet dziecko je złamie. Podobnie nie zostanie zbawiony Izrael, aż nie będą oni stanowili jednej wiązki".

(Midrasz Tanhuma, Nicawim, rozdział 1)

W całej historii narodu żydowskiego jedność i wzajemna gwarancja (inaczej zwana wzajemną odpowiedzialnością) były symbolami naszego narodu. Niezliczeni mędrcy i duchowi przywódcy pisali o znaczeniu tych dwóch cech, obwołując je sercem i duszą naszego narodu oraz oświadczając, iż zbawienie i odkupienie mogą nadejść tylko wtedy, gdy zaistnieje jedność w Izraelu.

W rzeczywistości pojęcie jedności było tak ważne, że przewyższało ono pojęcie oddania dla Stwórcy i przestrzegania przykazań. Znaczna część żydowskich przywódców duchowych i świętych tekstów poprzez całe pokolenia podkreślała przede wszystkim wagę jedności. *Masechet Derech Erec Zuta*, napisany mniej więcej w tym samym czasie co Talmud, jest jednym z wielu wyrażeń w tym duchu: „Nawet kiedy Izrael czci bałwany, a jest pokój między nimi, Pan mówi: 'Nie mam zamiaru ich skrzywdzić'. ...Ale jeśli się kłócą ze sobą, to co wtedy o nich powiedziano? 'Ich serce jest podzielone; teraz poniosą swoją winę'"[2].

Po zniszczeniu Drugiej Świątyni znaczenie jedności i braterskiej miłości osiągnęło swój szczyt. Talmud Babiloński, pośród wielu innych źródeł, uczy nas, że powodem zniszczenia Drugiej Świątyni była bezpodstawna nienawiść i podział w Izraelu. Źródła deklarują nawet, iż bezpodstawna nienawiść jest tak szkodliwa, że równa się wpływowi trzech wielkich sił zła razem wziętych, które spowodowały ruinę Pierwszej Świątyni: bałwochwalstwa, kazirodztwa i rozlewowi krwi. *Masechet Joma* uczy nas tego w sposób bardzo wyraźny: „Druga Świątynia... dlaczego została zniszczona? Było tak dlatego, iż znajdowała się w niej bezpodstawna nienawiść, ucząc was, iż bezpodstawna nienawiść równa się wszystkim trzem występkom – bałwochwalstwu, kazirodztwu oraz rozlewowi krwi – razem połączonym"[3].

Najwyraźniej jedność, braterstwo i wzajemna gwarancja są nie tylko zawarte w DNA naszego narodu, ale są także istotą liny ratunkowej, która oszczędzała nam cierpień, kiedy się jej trzymaliśmy, natomiast doświadczaliśmy cierpień, kiedy cechy te w nas zanikały. W obecnych trudnych czasach nasilonej roszczeniowości i narcyzmu potrzebujemy jedności bardziej niż kiedykolwiek, ale wydaje się ona jeszcze bardziej niedostępna niż w jakimkolwiek czasie w historii.

Jakieś trzydzieści cztery stulecia temu u podnóża góry Synaj staliśmy jako jeden człowiek z jednym sercem, a czyniąc tak, staliśmy się jednym narodem. Od tamtej pory jedność podtrzymywała nas w czasach dobrych i złych, tak jak słynny kaznodzieja i pisarz rabin Kalonymus Kalman Halevi Epstein opisuje to w swojej uznanej pracy, zatytułowanej *Maor va Szemesz* (Światło i słońce): „Chociaż pokolenie Achaba było czcicielami bożków, zaangażowali się oni w wojnę i zwyciężyli, ponieważ była wśród nich jedność. Jest tak nawet bardziej, kiedy istnieje jedność w Izraelu, a on sam angażuje się w Torę przez wzgląd na Niego. ...Dzięki temu pokonają oni wszystkich tych, którzy są przeciw nim, i wszystko, co mówią swoimi ustami, zostaje spełnione przez Pana"[4].

Idąc za Mojżeszem, przybyliśmy do Kanaanu, podbiliśmy go, uczyniliśmy z niego Ziemię Izraela, a następnie ponownie zostaliśmy wygnani, tym razem do Babel. A kiedy Mordechaj zjednoczył nas w Babel, powróciliśmy, chociaż zaledwie w liczbie dwóch z pierwotnych dwunastu plemion, i ustanowiliśmy Drugą Świątynię. Dopóki utrzymywaliśmy naszą jedność, dopóty zachowywaliśmy także naszą suwerenność i Świątynię. Ale kiedy tylko porzucaliśmy braterską miłość, nieprzyjaciel nas pokonywał i byliśmy skazywani na wygnanie.

Jednakże podział i bezpodstawna nienawiść, które spowodowały upadek Drugiej Świątyni i wygnanie narodu z jego ziemi, nie zatrzymały naszego rozwoju na wygnaniu. Przez większą część ostatnich dwóch tysiącleci trzymaliśmy się własnego kręgu, zachowując względną separację od życia kulturalnego narodów, w których mieszkaliśmy.

Ale mniej więcej od czasów Oświecenia stopniowo zaczęliśmy przyjmować kulturę, która wyróżnia jednostkę i osiągnięcia indywidualne, a także toleruje wyzysk słabych i potrzebujących. W ciągu ostatnich kilku dziesięcioleci osiągnęliśmy taką doskonałość w kulturze interesu własnego i samozadowolenia, że jako społeczeństwo staliśmy się całkowitym przeciwieństwem troskliwej i humanitarnej wspólnoty, którą pielęgnowaliśmy na początku istnienia naszego narodu.

W dzisiejszym świecie panujący ton nadaje samowystarczalność i egotyzm aż do punktu narcyzmu. W swojej wnikliwej książce *The Narcissism Epidemic: Living in the Age of Entitlement* (Epidemia narcyzmu: życie w erze roszczeniowej) psycholodzy Jean M. Twenge i Keith Campbell opisują to, co określają mianem „nieustającego wzrostu narcyzmu w naszej kulturze"[5], oraz problemy, jakie to powoduje. Oni wyjaśniają, iż „Stany Zjednoczone cierpią obecnie na epidemię narcyzmu. ...narcystyczne cechy osobowości rosną równie szybko jak otyłość".

Co gorsza, kontynuują: „Wzrost narcyzmu przyspiesza, a wyniki rosną szybciej od początku XXI wieku niż w poprzednich dekadach. Do 2006 r. jeden na czterech studentów zgodził się z większością pytań na standardowym kwestionariuszu cech narcystycznych"[6].

A większość z nas, Żydów, przodków stojących za zasadą: „Kochaj bliźniego swego jak siebie samego", nie tylko siedzi i patrzy, jak triumfuje egotyzm, ale także przyłącza się do tego procesu, a wielu z nas nawet zajmuje kierownicze stanowiska, zbierając łupy gdzie możliwe. Przyjęliśmy maksymę: „Kiedy wejdziesz między wrony, musisz krakać jak i one" ze spektakularnym entuzjazmem, a czyniąc tak, wiele żydowskich nazwisk stało się zarazem synonimem bogactwa i władzy. Nie ulega wątpliwości, że nie dążymy do bogactwa i władzy, aby pokazać, iż nasze dziedzictwo jest lepsze od dziedzictwa innych. Jednakże kiedy Żydzi zyskują rozgłos w odniesieniu do dwóch powyższych cech, są oni zauważani nie tylko ze względu na swoje zyski, ale także ze względu na swoje dziedzictwo.

Jakkolwiek niesprawiedliwe może się wydawać, Żydzi i państwo żydowskie nie są postrzegane w taki sam sposób, jak inne kraje i narody świata. Są oni traktowani w sposób wyjątkowy zarówno w sensie pozytywnym, jak i negatywnym tego słowa.

Istnieje zasadny powód, dla którego tak właśnie jest. Kiedy Abraham odkrył jedyną siłę, która kieruje światem - tę, którą nazywamy „Stwórcą", „Bogiem", *HaSzem*, *HaWaJaH* (Jud-Hej-Waw-Hej, „Panem") - chciał ogłosić to całemu światu. Jako Babilończyk o wysokim statusie społecznym i duchowym, syn twórcy bożków i posągów, miał szansę, aby zostać wysłuchanym. Dopiero kiedy król Nimrod próbował go zabić, a następnie wydalił go z Babilonu, udał się on gdzie indziej, ostatecznie przybywając do kraju Kanaan.

Jednakże Raw Mosze Ben Maimon (Majmonides) opisuje, jak przez cały czas swojej wędrówki szukał on bratnich dusz, z którymi mógł dzielić się własnym odkryciem: „Zaczął wołać do całego świata, aby ostrzec ich, że istnieje jeden Bóg dla całego świata... Wołał, wędrując od miasta do miasta i od królestwa do królestwa, aż dotarł do kraju Kanaan... A ponieważ oni [ludzie w miejscach, które odwiedził] gromadzili się wokół niego i pytali go o sens jego słów, uczył wszystkich... aż nie nawrócił ich na ścieżkę prawdy. W końcu zgromadziły się wokół niego tysiące, dziesiątki tysięcy ludzi i stali się ludem ,domu Abrahama'. Zaszczepił im on tę zasadę w sercach, napisał książki na ten temat i nauczał swojego syna Izaaka. A Izaak usiadł i także nauczał, ostrzegł i powiadomił Jakuba, i wyznaczył go na nauczyciela, aby ten siedział i nauczał... A Jakub, patriarcha, nauczał wszystkich swoich synów i oddzielił Lewiego i wyznaczył go na zwierzchnika, i kazał mu usiąść i uczyć się drogi Boga..."[7]

Od Jakuba dalej, jak opowiada słynny tekst *The Kozari*: „Boskość objawia się w zgromadzeniu, a od tego czasu liczymy lata przodków zgodnie z tym, co zostało dane nam w prawie Mojżesza [Tora], i wiemy, co rozwinęło się od czasów Mojżesza do dnia dzisiejszego"[8].

Tak więc jedność stała się warunkiem osiągnięcia percepcji Boga, czyli Stwórcy - jak często odnoszą się do Niego kabaliści (z powodów, których nie będziemy tu szczegółowo omawiać, ponieważ wykracza to poza zakres tej książki). Bez jedności osiągnięcie tej percepcji było po prostu niemożliwe. Ci, którzy byli w stanie się zjednoczyć, stali się ludem Izraela i osiągnęli Stwórcę, jedyną siłę, która tworzy, rządzi i prowadzi całą rzeczywistość. Ci, którzy nie byli w stanie tego zrobić, pozostali pozbawieni tej percepcji, ale z poczuciem, iż Izraelici wiedzieli coś, czego oni nie znali, i posiadali też coś, co należało do nich, ale oni nie mogli tego mieć.

Jest to źródłem nienawiści do Izraela, co później przerodziło się w antysemityzm. Jest to uczucie tego, iż Żydzi mają coś, z czym nie chcą dzielić się ze światem, ale muszą to zrobić.

Rzeczywiście, Żydzi muszą dzielić się tym ze światem. Tak jak Abraham próbował podzielić się swoim odkryciem ze wszystkimi swoimi braćmi Babilończykami, Żydzi - jego potomkowie

- muszą zrobić to samo. Takie jest znaczenie bycia „światłem dla narodów". Jest to nakaz, do którego wielki Raw Kuk, pierwszy naczelny rabin Izraela, odniósł się w swoim wymownym, poetyckim stylu, pisząc: „Prawdziwy ruch duszy Izraela w swej najwyższej formie jest wyrażany jedynie poprzez swoją świętą, wieczną siłę, która jest obecna w jego duchu. To właśnie uczyniło, wciąż czyni i stworzy jeszcze z niego naród, który stanie się światłością dla narodów, niczym odkupienie i zbawienie dla całego świata, dla swojego konkretnego celu oraz dla celów ogólnoświatowych, które są ze sobą wzajemnie powiązane"[9].

Do takiego zobowiązania odniósł się także Raw Jehuda Lejb Arie Altar w swoich słowach: „Dzieci Izraela są poręczycielami, jako że otrzymali Torę, aby naprawić cały świat oraz wszystkie narody"[10].

A co dokładnie mamy obowiązek przekazać narodom? Jest to jedność, dzięki której odkrywa się niepowtarzalną, jedyną w swoim rodzaju siłę stworzenia, Pana, czy też Boga. Według słów rabina Szmuela Bornsteina, autora dzieła *Szem MiSzmuel* [Imię z Samuela]: „Celem stworzenia było, aby wszyscy stanowili jedno zrzeszenie... Ale z powodu grzechu kwestia ta stała się tak trudna, iż nawet najlepsi w tych pokoleniach nie byli w stanie się zjednoczyć, aby służyć Panu, lecz stanowili tylko jednostki"[11].

Z tego powodu, kontynuuje rabin Bornstein, tylko ci, którzy potrafili się zjednoczyć, uczynili to, podczas gdy cała reszta oddzieliła się od nich do czasu, kiedy będzie już w stanie przyłączyć się do jedności. Mówi on dalej: „Naprawa zaczęła się od zgromadzenia i zjednoczenia ludzi, aby służyli Stwórcy, poczynając od Abrahama, patriarchy, i jego potomków, aby stali się oni umocnioną wspólnotą dla dzieła Bożego. Jego [Stwórcy] ideą w rozdzieleniu ludzi było to, iż najpierw spowodował On rozdzielenie w gatunku ludzkim w czasach Babilonu, aby wszyscy złoczyńcy zostali rozproszeni. [...] Później zaczęło się łączenie, aby służyć Stwórcy, w miarę jak Abraham patriarcha szedł i wzywał w imieniu Pana, dopóki nie zebrała się wokół niego wielka wspólnota, która została nazwana „ludem domu Abrahama". Miało to miejsce do takiego czasu, aż stali się oni zgromadzeniem zboru Izraela... a koniec naprawy nastąpi w przyszłości, kiedy już wszyscy staną się jedną społecznością, aby wypełniać wolę Twoją z całego serca"[12].

Biorąc pod uwagę obecną sytuację ogólnoświatową, wydaje się być naglącym, aby wszyscy dowiedzieli się o idei jedności jako sposobie osiągnięcia Stwórcy. Kiedy wszyscy z nas poznają i zaakceptują tę zasadę, pokój i braterstwo zwyciężą w sposób naturalny.

Według znanego kabalisty Rawa Jehudy Aszlaga, znanego jako Baal HaSulam [Właściciel Drabiny] z uwagi na jego komentarz *Sulam* (Drabina) do „Księgi Zohar", potrzeba poznania Stwórcy stała się pilna już od prawie stu lat. W eseju „Pokój na świecie" z początku lat 30. XX wieku Baal HaSulam wyjaśnia, że ponieważ wszyscy jesteśmy współzależni od siebie, musimy stosować prawa wzajemnego poręczenia w stosunku do całego świata. Chociaż pojęcie „globalizacja" nie było tak powszechne w różnych opracowaniach tamtych czasów, jego słowa wyraźnie wskazują na pilną potrzebę uczynienia ze świata pojedynczej, scalonej jednostki.

Oto opis globalizacji i współzależności według Baala HaSulama: „Nie dziwcie się, jeśli mieszam tutaj dobrobyt danego kolektywu z dobrobytem całego świata, ponieważ tak naprawdę doszliśmy już do takiego stopnia, że cały świat jest uważany za jedno zbiorowe społeczeństwo. Znaczy to, że ponieważ każdy człowiek na świecie czerpie środki do życia od wszystkich ludzi na świecie, zatem jest zmuszony do służenia i dbania o dobrobyt całego świata.

„...Dlatego możliwość wprowadzenia dobrych, szczęśliwych i spokojnych zachowań w jednym kraju jest nie do pomyślenia, kiedy tak nie jest we wszystkich innych krajach świata i vice versa. W naszych czasach wszystkie kraje są połączone ze sobą w zaspokajaniu swoich potrzeb życiowych, tak jak czyniły to jednostki w swoich rodzinach w czasach wcześniejszych. Dlatego nie możemy już mówić ani zajmować się tylko zachowaniami, które gwarantują dobrobyt jednego kraju czy też jednego narodu, ale tylko dobrobyt całego świata, ponieważ korzyść lub szkoda każdego człowieka na świecie zależy od i mierzy się według korzyści dla wszystkich ludzi na świecie"[13].

Aby jednak świat mógł osiągnąć taką jedność, taką wzajemną gwarancję, potrzebuje on modelu do naśladowania, grupy lub kolektywu, który może urzeczywistnić ideę jedności, osiągnąć Stwórcę, a poprzez ten przykład utorować drogę ku temu całej reszcie ludzkości. Ponieważ my, Żydzi, już byliśmy w tym punkcie jedności, a cały świat podświadomie to odczuwa, jest naszym obowiązkiem ożywić tę braterską miłość pośród nas, osiągając tę jedyną siłę oraz przekazać zarówno metody osiągnięcia jedności, jak i osiągnięcia Stwórcy całej reszcie świata. Taka jest rola Żydów: aby sprowadzić światło Stwórcy na świat, aby być światłem dla narodów świata.

W pracy „Miłość do Stwórcy i stworzeń" Baal HaSulam wyraźnie opisuje ten sposób działania: „Naród izraelski został ustanowiony jako narzędzie przejścia. W takim samym stopniu, w jakim sam Izrael oczyszcza się poprzez przestrzeganie Tory [prawa (jedności), które, jak powiedzieliśmy we wstępie, jest warunkiem wstępnym do osiągnięcia Stwórcy], przekazuje swą siłę pozostałym narodom. A kiedy pozostałe narody również staną na szali zasług (zjednoczą się i osiągną Stwórcę), wtedy Mesjasz [siła, która wyciągnie nas z egoizmu] zostanie objawiony"[14].

Raw Jehuda Altar podobnie opisuje rolę Żydów w odniesieniu do reszty narodów: „Wydawałoby się, iż dzieci Izraela, odbiorcy Tory, są pożyczającymi, a nie poręczycielami, z takim wyjątkiem, że dzieci Izraela stały się odpowiedzialne za naprawę całego świata mocą Tory. Oto dlaczego powiedziano im: „I staniecie się dla Mnie królestwem kapłanów i narodem świętym". [...] I odpowiedzieli oni na to: „To, co powiedział Pan, uczynimy" - naprawimy całe stworzenie. ...W rzeczywistości wszystko zależy od dzieci Izraela. W takim zakresie, w jakim same się naprawią, wszystkie inne stworzenia podążą za nimi. Tak jak uczniowie podążają za swoim rawem (nauczycielem), który naprawia siebie... podobnie całe stworzenie podąża za dziećmi Izraela"[15].

ROZDZIAŁ 1
Narodziny narodu
Narodziny narodu Izraela

Zanim zagłębimy się w znaczenie i pozycję narodu Izraela na świecie, musimy przyjrzeć się kwestii, dlaczego naród izraelski w ogóle się ukształtował i jak się rozwijało jego tworzenie. Cofnijmy się na chwilę w przybliżeniu o cztery tysiące lat i sześć tysięcy mil na wschód, do starożytnej Mezopotamii, serca Żyznego Półksiężyca - kolebki cywilizacji. Położone na rozległym, żyznym odcinku, pomiędzy rzekami Tygrys i Eufrat (w dzisiejszym Iraku), miasto-państwo zwane Babilonem było siedzibą kwitnącej cywilizacji. Pełen życia i różnorodnej aktywności, był on też centrum handlu starożytnego świata.

Babilon, serce tej dynamicznej cywilizacji, był pewnego rodzaju tyglem, idealnym podłożem, na którym rosły i rozwijały się niezliczone systemy wierzeń oraz nauk. Babilończycy praktykowali wiele rodzajów kultu bożków. *Sefer HaJaszar* (Księga Wyższego) opisuje życie Babilończyków w tamtym czasie i to, w jaki sposób oddawali oni cześć: „Każdy z całego ludu ziemi czynił sobie własnego boga w tamtych czasach - bogów z drewna i kamienia. Czcili je, a one stawały się dla nich bogami. W owym czasie król i wszyscy jego słudzy, a także Terach (ojciec Abrahama) oraz cała jego rodzina byli pierwszymi spośród czcicieli drewna i kamienia. ...[Terach] czcił je i kłaniał się im i podobnie czyniło całe pokolenie. Porzucili jednak Pana, który ich stworzył, i nie było ani jednego człowieka na całej ziemi, który znałby Pana...”[16]

Jednakże syn Teracha, Abraham, który wtedy wciąż nosił imię Abram, posiadał pewną cechę, która czyniła go wyjątkowym: był on niezwykle spostrzegawczy i odznaczał się naukową gorliwością do poznania prawdy. Abraham był także człowiekiem niezmiernie troskliwym, który zauważył, iż ludzie jego miasta stają się coraz bardziej nieszczęśliwi. Kiedy zastanowił się nad tym, odkrył, iż przyczyną ich nieszczęścia był rosnący pośród nich egotyzm i alienacja. W stosunkowo krótkim czasie odeszli oni od jednomyślności i wzajemnej troski, będąc „z jednego języka i jednej mowy” (Rodzaju 11: 1), ku próżności i alienacji, mówiąc: „Chodźcie, zbudujemy sobie miasto oraz wieżę z jej szczytem sięgającym nieba i zdobędziemy sobie rozgłos”. (Księga Rodzaju, 11: 4)

W rzeczywistości byli oni tak zajęci budowaniem swojej wieży dumy, że całkowicie zapomnieli o ludziach, którzy kiedyś byli dla nich krewnymi. Opracowanie *Pirkey de Rabbi Eliezer* (Rozdziały Rabbi Eliezera), jedno z *Midraszim* (komentarzy) na temat Tory (Pięcioksiąg) oferuje żywy opis nie tylko próżności Babilończyków, ale także wyobcowania, które charakteryzowało ich stosunek do drugiego człowieka. W książce tej czytamy: „Nimrod powiedział do swego ludu: 'Zbudujmy sobie wielkie miasto i mieszkajmy w nim, abyśmy nie rozproszyli się po ziemi jak ci przed nami, i zbudujmy w nim wielką wieżę, wznoszącą się ku niebu. ...i zdobądźmy wielki rozgłos na ziemi...'

Zbudowali ją wysoką ...ci, którzy dostarczali cegłę, wspinali się po jej wschodniej stronie, a ci, którzy z niej schodzili, szli po stronie zachodniej. Kiedy ktoś upadł i zmarł, nie zwracano na niego uwagi. Ale kiedy spadała cegła, wtedy siadali i z płaczem mówili: 'Kiedy to inna zastąpi tą, która spadła'"[17].

Postawy ludu Abrahama wobec siebie nie dawały mu spokoju, a on sam przychodził i obserwował zachowanie budowniczych. *Pirkey de Rabbi Eliezer* dalej opisuje jego spostrzeżenia dotyczące wrogości ludu wobec siebie: „Abraham, syn Teracha, przechodził i zobaczył ich budujących miasto oraz wieżę". Próbował z nimi rozmawiać i opowiedzieć im o Stwórcy, o zarządzającej sile jedności, jaką odkrył, która gwarantuje, że wszystko będzie wspaniale, gdyby tylko zachowywali się zgodnie z prawem jedności. „Ale oni nienawidzili jego słów" - wspomina książka. Zamiast tego: „Chcieli mówić tym samym językiem", tak jak poprzednio, kiedy wciąż stanowili jedną mowę, „ale nie znali już dłużej wspólnego języka. Co więc uczynili? Każdy wziął swój miecz i walczył z drugim na śmierć. W rzeczy samej, połowa świata zginęła tam wtedy od miecza"[18].

W obliczu tragicznej sytuacji swojego ludu Abraham postanowił rozpowszechniać dogmat, który odkrył, bez względu na istniejące ryzyko. W swoim dziele *HaJad HaChazaka* (Silna dłoń), znanym również jako *Miszne Tora* (Powtórzenie Tory), słynny XII-wieczny uczony Maimonides (RAMBAM) opisuje determinację i wysiłki Abrahama w celu odkrycia prawd życia: „Już od najwcześniejszego dzieciństwa ten tytan ducha zaczął się zastanawiać. ...Zaczął rozważać dniem i nocą i zastanawiał się, jak jest to możliwe, aby koło to nieustannie obracało się bez kierującego? Kto je napędza, ponieważ nie może się ono samo poruszać? A nie miał on ani nauczyciela, ani opiekuna. Niestety, tkwił on w Ur Chaldejskim wśród analfabetów, czcicieli idoli, z matką i ojcem, a także z całym ludem wielbiącym gwiazdy, a on oddawał im cześć wraz z nimi"[19].

W swoich poszukiwaniach Abraham odkrył jedność, jednorodność rzeczywistości, tę jedyną twórczą siłę, która tworzy, podtrzymuje i prowadzi całą rzeczywistość ku jej celowi. Według słów Majmonidesa: „[Abraham] osiągnął ścieżkę prawdy... za pomocą własnej mądrości i wiedział, iż istnieje jedyny Bóg, który prowadzi... który stworzył wszystko, a we wszystkim, co istnieje, nie ma innego Boga poza Nim"[20].

Aby zrozumieć, co osiągnął Abraham, należy pamiętać, że kiedy Kabaliści mówią o Bogu, nie odnoszą się oni do wszechmocnej istoty lub siły, którą należy czcić, zadawalać i uspokajać, która to ze swej strony nagradza swoich wiernych zdrowiem, bogactwem, długim życiem i innymi ziemskimi korzyściami. Zamiast tego kabaliści identyfikują Boga z przyrodą, z *całą Naturą*.

Raw Jehuda Aszlag, znany jako Baal HaSulam (Właściciel Drabiny), jest autorem kilku jednoznacznych wypowiedzi na temat znaczenia pojęcia „Bóg". Zwięźle wyjaśnia on, że Bóg jest synonimem Natury. W swoim eseju „Pokój" Baal HaSulam pisze (w nieco edytowanym fragmencie): „W celu uniknięcia konieczności korzystania z obu języków odtąd - ‚Natura' i 'Zarządzający' - pomiędzy którymi, jak wykazano, nie ma żadnej różnicy... najlepszym jest dla nas, aby... zaakceptować słowa kabalistów, iż *HaTeva* (Natura) znaczy to samo... co *Elokim* (Bóg). Wtedy będzie możliwym nazwanie przykazań Bożych 'prawami Natury' i vice versa, gdyż są one jednym i tym samym i nie musimy omawiać tego dalej"[21].

„W wieku czterdziestu lat", pisze Majmonides, „Abraham poznał swojego Stwórcę", jednolite prawo Natury, które stwarza wszystkie rzeczy. Ale Abraham nie chciał zatrzymywać swojego odkrycia tylko dla siebie: „Zaczął on udzielać odpowiedzi ludziom z Ur chaldejskiego, rozmawiać z nimi i mówić im, iż droga, po której szli, nie była drogą prawdy"[22]. Niestety, przeciw Abrahamowi stanęła władza, którą w jego przypadku był Nimrod, król Babilonu.

Midrasz Rabba, napisany w V wieku n.e., stanowi żywy opis konfrontacji Abrahama z Nimrodem, wgląd w cierpienia, jakich doznawał Abraham za swoje odkrycie i poświęcenie dla prawdy. Zawiera on również zabawny epizod odnośnie zapału Abrahama. „Terah (ojciec Abrahama) był czcicielem idoli [który utrzymywał się z wyrobu i sprzedaży statuetek w rodzinnym sklepie]. Raz udał się on do pewnego miejsca i kazał Abrahamowi zastąpić go w sklepie. Pewien mężczyzna wszedł i chciał kupić jedną z figurek. [Abraham] zapytał go: 'Ile masz lat?' A człowiek ten odpowiedział: 'Pięćdziesiąt albo sześćdziesiąt'. Abraham powiedział mu: 'Biada temu, kto ma sześćdziesiąt lat i musi czcić jednodniową figurę'. Mężczyzna doznał zakłopotania i wyszedł.

Innym razem weszła pewna kobieta z miską kaszy manny. Powiedziała mu: 'Proszę, poświęć to dla posągów'. Abraham wstał, wziął młotek, porozbijał wszystkie posągi, a następnie umieścił młotek w ręku największego z nich. Kiedy powrócił jego ojciec, zapytał go: 'Któż im to uczynił?' [Abraham] odpowiedział: 'Przyszła pewna kobieta. Przyniosła im miskę kaszy manny i poprosiła mnie, abym poświęcił to przed nimi. Poświęciłem, jak prosiła, a jeden z nich powiedział: 'Będę jeść pierwszy', na co drugi odpowiedział: 'To ja będę jeść pierwszy'. Później największy z nich wstał, wziął młotek i porozbijał pozostałe'. Jego ojciec powiedział: 'Czy drwisz ze mnie? Cóż to oni wiedzą?' Abraham odpowiedział na to: 'Czy twoje uszy słyszą, co mówią twe usta?'"[23].

W tamtym momencie Terach poczuł, iż nie mógł już dłużej dyscyplinować swego bezwstydnego syna. „[Terach] wziął [Abrahama] i przekazał go Nimrodowi [królowi, ale również najwyższemu autorytetowi duchowemu w Babilonie]. [Nimrod] powiedział mu: 'Czcij ogień'. Na co Abraham odpowiedział: 'Może powinienem czcić wodę, która gasi ogień?' Nimrod odrzekł: 'Czcij wodę!' [Abraham] odpowiedział: 'A może powinienem czcić chmurę, która niesie wodę?' [Nimrod] powiedział mu: 'Czcij chmurę!' [Abraham] odrzekł: 'W takim razie czy mam czcić wiatr, który rozprasza chmury?' Nimrod odpowiedział mu: 'Czcij wiatr!' [Abraham] zauważył: 'A może powinniśmy czcić człowieka, który znosi wiatr?' [Nimrod] odpowiedział: 'Mówisz zbyt dużo. Czczę tylko ogień. Wrzucę cię więc do niego i niech Bóg, którego czcisz, przyjdzie i wyzwoli cię od niego!'

Haran (brat Abrahama) stał wtedy z boku. Powiedział: 'Jeśli Abraham wygra, powiem, iż zgadzam się z Abrahamem, a jeśli to Nimrod odniesie zwycięstwo, powiem, że zgadzam się z Nimrodem'. Kiedy Abraham został włożony do pieca, ale był oszczędzony, zapytali [Harana]: 'Z kim jesteś?' Odpowiedział im: 'Jestem z Abrahamem'. Zabrali go więc i wrzucili w ogień, gdzie zmarł w obecności ojca. Zostało zatem powiedziane: 'I zmarł Haran w obecności ojca swego Teracha'"[24].

Tak więc Abraham oparł się Nimrodowi, ale został wydalony z Babilonu i udał się do ziemi Haran (wymawiane Charan, aby odróżnić od Harana, syna Teracha). Niemniej Abraham nie zaprzestał rozprzestrzeniania swoich odkryć tylko dlatego, iż został wygnany z Babilonu. Szczegółowe opisy Majmonidesa mówią nam: „Zaczął on wołać na cały świat, aby ostrzec ich, iż Bóg jest jeden dla całego świata... Nawoływał więc, wędrując od miasta do miasta i od królestwa do królestwa, dopóki nie przybył do ziemi Kanaan...

A ponieważ oni [ludzie w miejscach, do których dotarł] gromadzili się wokół niego i pytali go o sens jego słów, nauczał on wszystkich... aż on przywiódł ich z powrotem na drogę prawdy. Ostatecznie tysiące i dziesiątki tysięcy zgromadziły się wokół niego i byli to ludzie domu Abrahama. Zasadził on ten dogmat w ich sercach, układał o tym książki i uczył swego syna, Izaaka. Izaak siadał, nauczał i ostrzegał, a później nauczał Jakuba i wyznaczył go na nauczyciela, aby też siedział i nauczał... A Jakub patriarcha nauczał wszystkich swych synów. Oddzielił Lewiego, mianował go zarządzającym i kazał mu siedzieć i nauczać drogi Boga..."[25].

Aby zagwarantować, iż prawda będzie przekazywana z pokolenia na pokolenie, Jakub „przykazał swoim synom, aby nie przestawali powoływania wyznaczonych ludzi spośród synów

Lewiego, tak aby wiedza nie została zapomniana. Trwało to i rozprzestrzeniało się pośród synów Jakuba i towarzyszących im ludzi"[26].

Izrael – najgłębsze pragnienie

Zdumiewającym rezultatem wysiłków Abrahama były narodziny narodu, który znał najgłębsze prawa życia, najwyższą Teorię Wszystkiego czy też, według słów Majmonidesa: „Naród, który zna Pana, został stworzony na świecie"[27].

W rzeczy samej Izrael nie tylko odnosi się do nazwy narodu. W języku hebrajskim słowo *Israel* (Izrael) składa się z dwóch słów: *Jaszar* (prosto) i *El* (Bóg). Tak więc Izrael odznacza się mentalnością pragnienia odkrycia prawa życia, pragnieniem osiągnięcia czy też postrzegania Stwórcy. Według słów rabina Meir'a Ben Gabli: „W znaczeniu imienia *Izrael* zawiera się *Jaszar El* [prosto do Boga]"[28]. Podobnie w swoim *Drusz* [pisemne kazanie], dotyczącym Modlitwy Podróżnika, wielki Ramchal napisał po prostu: „Izrael -Jashar El".

Innymi słowy, Izrael nie jest przypisywaniem genetycznym, ale raczej nazwą lub kierunkiem pragnienia, które przywiodło Abrahama do jego odkryć. Z genetycznego punktu widzenia pierwsi Izraelici byli albo Babilończykami, albo członkami innych narodów, którzy przystąpili do grupy Abrahama. Znaczenie tej nazwy było jasne dla starożytnych Izraelitów. Jak napisał Majmonides, mieli oni swych nauczycieli, Lewitów, i uczono ich przestrzegania podstawowych praw życiowych.

Dziś jednak jesteśmy nieświadomi faktu, iż „Izrael" w rzeczywistości odnosi się do pragnienia poznania podstawowego prawa życia, Stwórcy, a nie nawiązuje do konkretnej linii genetycznej. Prawie 2000 lat okresu zatajenia prawdy, począwszy od zniszczenia Drugiej Świątyni, praktycznie zatarło prawdę, iż odkrycie Abrahama było przeznaczone dla wszystkich ludzi na świecie, tak jak Abraham chciał przekazać je wszystkim ludziom w Babilonie, a później „zaczął wołać na cały świat", cytując Majmonidesa.

Przez wszystkie te lata tylko kabaliści utrzymywali tę prawdę przy życiu. Kabaliści, tacy jak Elimelech z Leżajska[29], Szlomo Ephraim Luntschitz[30], Chaim Iben Attar[31], Baruch Aszlag[32] i wielu innych pisali w prostych słowach: *Izrael* oznacza *Jashar El* (prosto do Boga).

Co więcej, potrzeba odkrycia tej siły jest znacznie bardziej istotna dzisiaj niż kiedykolwiek. Nic się nie zmieniło w naturze od czasów Abrahama, a Stwórca jest wciąż jedyną siłą, która tworzy, zarządza i podtrzymuje życie.

Zmieniło się to, że dzisiaj potrzebujemy prawdziwej wiedzy o Stwórcy bardziej niż kiedykolwiek wcześniej. W czasie Abrahama ludzkość miała inne liczne ścieżki do naśladowania poza ścieżką prawdy Abrahama. Dzisiejsze ścieżki społeczne jednak stopniowo okazują się nieskuteczne w rozwiązywaniu naszych problemów w sferze moralności społecznej i połączenia.

Rzeczywiście, wraz z upływem czasu kultura babilońska zanikła, a lud rozproszył się po całym świecie. Alienacja i konflikt społeczny, które spowodowały ich upadek - urzeczywistniony poprzez runięcie wieży - stały się później zjawiskami niepozornymi i dyskretnymi. Ludzie osiedlili się w nowych miejscach, przynosząc ze sobą babilońską kulturę i postawy, nie wiedząc,

że tym samym propagowali zjawisko dysharmonii między sobą
- zalążki przyszłych zmagań ludzkości.

Teraz, gdy mamy społeczność globalną, każdy kryzys jest na
ogólnoświatową skalę. Błędy, które popełniamy, zbierają swoje
żniwo na całym świecie, co sprawia, iż odkrycie przez Abrahama
jedynej siły staje się dla nas informacją ratującą życie, która musi
być wzięta pod uwagę w naszych obliczeniach i planach, jeśli
chcemy przetrwać.

Jedność - a tym samym równość

W dzisiejszych czasach naszą jedyną nadzieją jest zjednoczenie,
ponieważ jedność, jak zobaczymy poniżej, to cel siły, która napędza całe życie. Naszym wyzwaniem jest więc nauczyć się jednoczyć. Jest to możliwe i wykonalne, lecz w czasie kryzysu będzie
to wymagało uznania tej siły życiowej i włożenia wzajemnego
wysiłku w celu współpracy i współdziałania, abyśmy mogli żyć
według nakazów tego prawa.

Należy jednak zauważyć, że jedność nie wymaga równości
czy też podobieństwa. Przeciwnie, wymaga *rozbieżności*, ponad
którą dąży się do zjednoczenia. Dzisiaj na przykład istnieje wiele
odłamów w religii żydowskiej, a także niezrzeszonych Żydów.
Jedność żydowska oznaczałaby, iż, *nie* zmieniając naszych zwy-
czajów, *nie* łącząc się w jedno wyznanie, bylibyśmy w stanie
się zjednoczyć i nauczyć się doceniać wzajemnie, a w końcu
naprawdę dbać o siebie nawzajem.

Jeśli wydaje się to niemożliwe, rozważmy przykład rodziny
z kilkorgiem dzieci. W przeciętnej rodzinie każde dziecko ma
swój niepowtarzalny charakter. Częściej niż czasami charaktery

te kolidują ze sobą, co potwierdzają nasze wspomnienia. Często myślimy o naszych braciach i siostrach w kategoriach takich, jak: „Gdyby on/ona nie byłby/byłaby moim bratem /moją siostrą, nigdy nie chciałbym przebywać w jego/jej towarzystwie". Jednakże fakt, iż *jesteśmy* razem z naszymi krewnymi, tak różniącymi się od nas, dowodzi, że kiedy między nami obecna jest miłość, możemy się zjednoczyć *ponad* naszymi różnicami.

To jest dokładnie to, co musimy zrobić - zjednoczyć się *ponad* naszymi różnicami. W ten sposób intensywnie odczujemy zarówno nasze różne, często przeciwstawne cechy, jak i jedność, która góruje nad nimi. Kiedy tak się stanie, będziemy mogli wykorzystać nasze różnice w najlepszy sposób, jako że każdy z nas wniesie własne perspektywy, pomysły i sposoby działania, tworząc silniejszą całość. Podobnie jak nasz organizm wymaga, aby *różne* narządy współpracowały ze sobą w celu zapewnienia nam zdrowia, musimy pozostać odmiennymi, ale zjednoczyć się ponad różnicami dla wspólnego celu realizowania roli narodu żydowskiego - aby nieść światło jedności dla wszystkich narodów.

Po odejściu Abrahama z Babilonu, wracając do poprzedniego tematu, miasto nadal kultywowało egocentryczne zaniechanie. I chociaż nie ma nic złego w przyjemnościach i rozkoszy, kiedy są one całkowicie egocentryczne, wtedy ostatecznie stają się autodestrukcyjne. Prawdziwym celem życia, jak ustalił Abraham, jest stanie się podobnym do jedynej siły życiowej, aby doświadczyć związku i jedności ze wszystkimi. Nasi mędrcy nazywają tę jedność stanem Dwekut (przylgnięcie), co oznacza, że powinniśmy ostatecznie nabyć właściwość Stwórcy i stać się Jemu podobnymi lub nawet równymi.

Cytując słowa rabina Meir'a Ben Gabli: „Dzięki Dwekut (przylgnięcie) z siłami Wielkiego Imienia i Jego cechami możesz przylgnąć do Pana, Boga twojego, gdyż On jest Swoim imieniem, a Jego imię jest Nim, jako że jesteś związany i podobny do Niego, a Dwekut z Nim jest życiem prawdziwym"[33]. Podobnie mówi Święty Szlach w *Toldot Adam* (Pokolenia Człowieka): „Nasi mędrcy powiedzieli (Sota 14a): 'A ty, który lgniesz do Pana', przylgnij do Jego właściwości, a potem on nazywa się Adam (człowiek), tak jak w *adameh la Elyon* (Będę niczym najwyższy)"[34].

W XX wieku Baal HaSulam obszernie omówił pojęcie *Dwekut*, określając je jako „równoważność formy", czyli nabycie „formy" (właściwości) Stwórcy. W swoim „Wprowadzeniu do przedmowy do mądrości Kabały" pisał: „W ten sposób [dusza] będzie zdolna do otrzymania całej obfitości i przyjemności zawartej w Zamyśle Stworzenia, a także będzie w stanie pełnego *Dwekut* (adhezji, przylgnięcia) z Nim w postaci równoważności formy"[35].

We „Wstępie do Księgi Zohar" Baal HaSulam dodaje: „W ten sposób osiąga się pełne przylgnięcie do Niego, jako że duchowe przylgnięcie jest niczym innym jak równoważnością formy, jak powiedzieli nasi mędrcy: 'Jak jest możliwe przylgnąć do Niego? Należy przylgnąć do Jego właściwości'"[36].

Wraz z upływem czasu, jak wspomniano powyżej, grupa Abrahama rozrosła się do narodu i pojawiła się potrzeba nowej metody jedności. Nauki Abrahama utrzymywały się tak długo, jak wszyscy w Izraelu byli ich nauczani. Ale w czasie, kiedy lud Izraela wyszedł z Egiptu, stanowili już grupę składającą się z 600 000 mężczyzn i około trzech milionów ludzi w ogóle. Było zatem niemożliwym, aby nauczać wszystkich w ten sam sposób, jak uczeń uczy się od nauczyciela.

Rozwiązanie zostało znalezione u podnóża góry Synaj. Tam, w tym kluczowym momencie historii naszego narodu dano nam najbardziej fundamentalny dogmat naszej Tory i ciągle jest on nam dawany do dzisiaj i w każdej chwili. Tym dogmatem jest, jak ujął to rabin Akiwa: „Kochaj bliźniego swego jak siebie samego".

U podnóża góry Synaj, jak wyjaśnia wielki uczony i tłumacz Raszi, otrzymaliśmy Torę - prawa, dzięki którym mamy się jednoczyć, gdyż tam zgodziliśmy się to zrobić całym sercem. Według jego słów: „A Izrael rozbił tam obóz - jak jeden człowiek z jednym sercem"[37]. Od tego momentu jedność była głównym atutem narodu żydowskiego, z pomocą której możemy osiągnąć Stwórcę, nabyć Jego właściwości i osiągnąć *Dwekut* - równoważność formy (właściwości) z Nim.

Midrasz Tanah De Bei Elijahu oznajmia: „Pan rzekł do nich, do Izraela: ‚Moi synowie, czy brakowało mi czegoś, o co miałbym was prosić? A o co was proszę? O to tylko, abyście się wzajemnie miłowali, szanowali się nawzajem i odczuwali wzajemną bojaźń, a wtedy nie będzie przestępstw, kradzieży i brzydoty pośród was'"[38].

Z biegiem czasu jedność stała się tak istotna, że zastąpiła wszystkie inne przykazania pod względem ważności. Stała się ona jedynym kluczem do duchowego odkupienia Izraela oraz wybawienia od swoich wrogów. Midrasz *Tanhuma* mówi: „Jeżeli człowiek weźmie wiązkę trzciny, nie może jej złamać całej naraz. Ale jeśli weźmie jedną trzcinę po drugiej, wtedy nawet niemowlę je złamie. Podobnie Izrael nie dozna odkupienia do czasu, aż wszyscy z nich nie staną się jako ta jedna wiązka"[39].

W tym samym duchu pisze *Masechet Derech Erec Zutah*: „Tak zwykł mawiać Rabin Eleazar ha-Kappar: 'Kochaj pokój i brzydź się podziałem. Wielkim jest pokój, bo nawet gdy Izrael praktykuje kult idoli, a pokój jest między nimi, wtedy Stwórca mówi: 'Nie chcę dotykać ich [szkodzić]', jak napisano (Ozeasz 4:17): 'Efraim łączy się z bałwanami; zostawcie go w spokoju'. A jeśli istnieje podział między nimi, to co mówi się o nich (Oz 10: 2)? 'Ich serce jest podzielone, więc teraz wezmą na barki swoją winę'"[40].

A jednak pomimo tego wszystkiego, co zostało powiedziane na temat znaczenia jedności, gdy spojrzymy wokół siebie, staje się oczywistym, iż większość ludzi ani nie pragnie zjednoczenia, ani też nie chce odnaleźć żadnych korzyści w jedności, a już na pewno nie ze swoim bliźnim, jak nakazuje dogmat. Aby zrozumieć, w jaki sposób dogmat ten nabrał tak zasadniczego znaczenia dla istnienia naszego narodu, a obecnie dla całego świata, musimy zbadać ewolucję rzeczywistości z innego punktu widzenia niż ten, który zwykle obiera nauka. Musimy spojrzeć na rzeczywistość jako na proces *ewolucji pragnień*. Kiedy popatrzymy na rzeczywistość w ten sposób, rozumowanie, stojące za wyższością pragnienia zjednoczenia, a w konsekwencji nabyciem właściwości Stwórcy, stanie się zupełnie jasne. Dlatego też ewolucja pragnień będzie tematem następnego rozdziału.

ROZDZIAŁ 2
Chcę, dlatego istnieję
Życie jako ewolucja pragnień

W poprzednim rozdziale powiedzieliśmy, że nazwa *Israel* (Izrael) to połączenie słów: *Jaszar* (prosto) i *El* (Bóg). Ustaliliśmy, że nazwa ta powstała, kiedy Abraham zgromadził tych ludzi, którzy chcieli dotrzeć do Stwórcy, odkryć Go, i oni zostali nazwani „Izraelem" ze względu na to pragnienie. W tym rozdziale omówimy formowanie się pragnień w ogóle i tworzenie się pragnienia do Stwórcy, czyli Izraela w szczególności. Aby to zrobić, musimy przeanalizować rzeczywistość jako ewolucję pragnień.

W 1937 r. Baal HaSulam opublikował *Talmud Eser HaSefirot* (*Nauka dziesięciu sfirot*), monumentalny komentarz do pism ARI, autora *Drzewa Życia*. W tym komentarzu autor bardzo szczegółowo wyjaśnia, iż u podstaw rzeczywistości leży siła dawania, którą nazywa „pragnieniem obdarzania", która to następnie stworzyła pragnienie otrzymywania. Jest to powód, wyjaśnia Baal HaSulam, dla którego nasi mędrcy twierdzą, iż: „On jest dobrem i czyni dobro"[41], i mówią o „Jego pragnieniu czynienia dobra Swoim stworzeniom"[43].

W pierwszej części *Nauki dziesięciu sfirot* Baal HaSulam wyjaśnia, dlaczego pragnienie obdarzania w sposób naturalny stworzyło pragnienie otrzymywania i dlaczego oba te pragnienia są podstawą całego Stworzenia. Według jego słów: „Jak tylko zamyślił On stworzenie, aby obdarzyć go rozkoszą, wtedy Światło (przyjemność) natychmiast wyszło od Niego i rozprzestrzeniło się w pełnej mierze i formie przyjemności, jaką zamyślił. Wszystko zawarte jest w tej myśli, którą nazywamy *Zamysłem stworzenia*. ...Ari powiedział, iż na początku wyższe, proste Światło wypełniało całą rzeczywistość. Oznacza to, że skoro Stwórca zamyślił napełnienie stworzeń przyjemnością i Światło wyszło od Niego i od Niego odeszło, wtedy to pragnienie otrzymania Jego przyjemności natychmiast zostało odciśnięte w tym Świetle"[43].

W celu podkreślenia twierdzenia, iż pragnienie obdarzania, Stwórca, stworzył pragnienie otrzymywania, aby dać mu przyjemność, Baal HaSulam mówi: „Pragnienie obdarzania w Stwórcy w sposób naturalny rodzi pragnienie otrzymywania w stworzeniu, a to (pragnienie otrzymywania) jest naczyniem, w które otrzymuje ono Jego Obfitość"[44].

Aszlag nie był pierwszym, który odnosił się do pragnienia otrzymywania, stworzonego przez pragnienie obdarzania, chociaż zrobił to w sposób bardziej bezpośredni. Rabin Izaak

HaLewi Horowitz (Święty Szlah) także napisał: „Ponieważ On wolał czynić dobro Swoim stworzeniom, chciał obdarzyć je prawdziwym dobrem, tak jak w kwestii stworzenia złej skłonności (pragnienia otrzymywania, egotyzmu), która też jest z korzyścią dla stworzenia"[45].

Podobnie jak dwaj wyżej wspomniani mędrcy, rabin Nathan Sternhertz pisze w *Likutey Halachot* (Wybór Zasad): „Pan powiększa swoje miłosierdzie i dobroć, jako że chciał obdarzyć Swoje stworzenia dobrodziejstwem najlepszym ze wszystkich"[46].

Tak więc pragnienie obdarzania - Stwórca - chce obdarzać nas, Swoje stworzenia, a my mamy otrzymywać to dobrodziejstwo, akt obdarzania. Jednakże jaka jest ta korzyść, dobro, które mamy otrzymywać?

W swoim „Wstępie do Nauki Dziesięciu Sfirot" Baal HaSulam pisze, że korzyścią, jaką mamy otrzymać, jest osiągnięcie Stwórcy, podobnie jak uczynił to Abraham prawie 4000 lat temu. Według słów Aszlaga „[po osiągnięciu] odczuwa się cudowne dobrodziejstwo zawarte w Zamyśle Stworzenia, którym jest podanie rozkoszy Swoim stworzeniom Jego pełną, dobrą i wspaniałomyślną ręką. Z powodu obfitości dobrodziejstw, które człowiek osiąga, pojawia się cudowna miłość pomiędzy człowiekiem i Stwórcą, bezustannie 'wylewająca się' na niego poprzez drogi i kanały, przez które pojawia się ta naturalna miłość. Jednakże wszystko to przychodzi do człowieka dopiero od momentu, kiedy osiąga on Stwórcę"[47].

Aby osiągnąć Stwórcę, musimy posiadać cechy podobne do Jego cech lub, jak określił to Baal HaSulam, musimy uzyskać z Nim „równoważność formy". We „Wstępie do Księgi Panim Meirot uMasbirot" (Świetliste i życzliwe oblicze) Aszlag pisze: „W jaki sposób można osiągnąć Światło... kiedy jest się odseparowanym i w stanie zupełnej przeciwności formy... i jest wtedy wielka nienawiść między nimi (Stwórcą a człowiekiem)? ...Dlatego też... człowiek powoli oczyszcza się i zamienia formę otrzymywania na formę obdarzania. Okazuje się, że człowiek zrównuje swoją formę z systemem świętości, a wtedy równoważność i miłość pomiędzy nimi powraca... Tak więc człowiek zostaje wtedy nagrodzony Światłem... jako że wszedł w obecność Stwórcy"[48].

Cztery poziomy rzeczywistości, kształtowanej pragnieniem

Podczas badania rzeczywistości z perspektywy ewolucji pragnień kabaliści odkryli, że pragnienie otrzymywania, które właśnie opisaliśmy, zawiera cztery różne poziomy – nieożywiony, roślinny, zwierzęcy i mówiący (ludzki). Odkąd ARI w XVI wieku wspomniał o podziale rzeczywistości na te cztery poziomy[49], wielu uczonych i kabalistów zajmowało się omawianiem tych czterech poziomów. MALBIM (Meir Leibusz ben Iehiel Michel Weiser)[50], rabin Pinhas HaLewi Horowitz[51] i RABaD (rabin Abraham Ben David), który napisał: „Wszystkie stworzenia na świecie dzielą się na nieożywione, roślinne, zwierzęce i mówiące"[52] - to tylko trzej z licznych mędrców, którzy odnosili się do rzeczywistości jako tej, składającej się z czterech poziomów.

Jednakże żaden mędrzec czy też uczony nie zrobił tego w sposób tak opisowy, jak Baal HaSulam. Jego pisma, które chciał, aby były czytane i rozumiane przez *wszystkich*, systematycznie i szczegółowo opisują strukturę rzeczywistości w sposób, w jaki kabaliści i żydowscy uczeni postrzegali od wieków. W swoim eseju „Wolność" wyjaśnia strukturę nieożywionych, roślinnych, zwierzęcych i 'mówiących' pragnień pod podtytułem „Zasada przyczynowości". Wyjaśnia on, iż wszystkie elementy rzeczywistości są ze sobą połączone i wyłaniają się jeden z drugiego. Według jego słów: „Prawdą jest, że istnieje ogólny związek pomiędzy wszystkimi elementami rzeczywistości, który poddaje się prawu przyczynowości poprzez związek przyczynowo-skutkowy, powodujący jego nieustanny rozwój. I tak jak całość, tak w tej całości zachowuje się każdy jej element, co oznacza, iż każda istota na świecie, pochodząca z tych czterech typów - nieożywionego, roślinnego, zwierzęcego i mówiącego - przestrzega prawa przyczynowego poprzez związek przyczynowo-skutkowy.

Co więcej, każda poszczególna forma określonego zachowania, które cechuje istotę na tym świecie, ulega wpływom dawnych przyczyn, które zmuszają ją do zaakceptowania tej określonej zmiany w swoim zachowaniu, a nie jakiejkolwiek innej. Jest to oczywiste dla wszystkich, którzy badają ścieżki Natury z czysto naukowego punktu widzenia i bez odrobiny uprzedzenia. W rzeczy samej musimy dokładnie przeanalizować tę sprawę, aby pozwolić sobie na zbadanie jej ze wszystkich stron"[53].

Cztery poziomy w nas

Co więcej, jak twierdzą nasi mędrcy, poziomy: nieożywiony, roślinny, zwierzęcy i mówiący - nie są zarezerwowane dla natury zewnętrznej. One istnieją w każdym z nas, tworząc podstawę naszych pragnień, a nawet wewnętrzną strukturę każdego naszego pragnienia. Rabin Nathan Neta Szapiro pisze: „W człowieku istnieją cztery siły – nieożywiona, roślinna, zwierzęca i mówiąca - a Izrael ma jeszcze jedną, piątą część, jako iż oni są poziomem mówiącym do Boga"[54].

Baal HaSulam dostarcza bardziej szczegółowego wyjaśnienia sposobu, w jaki te poziomy pragnień działają w nas: „Rozróżniamy cztery poziomy w gatunku mówiącym (ludziach), ułożone stopniowo jeden na drugim. Są to: masy, mocni, bogaci i mądrzy. Są one równe czterem stopniom w całej rzeczywistości zwanym: *nieożywiony, roślinny, zwierzęcy* i *mówiący*.

Poziom nieożywiony… wywołuje trzy właściwości: roślinną, zwierzęcą i mówiącą. …Najmniejszą siłą pośród nich jest poziom roślinny. Flora funkcjonuje poprzez przyciąganie tego, co jest dla niej korzystne, i odrzucanie elementów szkodliwych w podobny sposób, jak robią to ludzie i zwierzęta. Jednak nie ma w niej indywidualnego odczucia, lecz zbiorowa siła, wspólna dla wszystkich roślin na świecie…

Na szczycie roślinnego znajduje się poziom zwierzęcy. Każde stworzenie odczuwa siebie w sposób indywidualny, przyciągając to, co jest dla niego korzystne, i odrzucając to, co jest szkodliwe. …Ta siła odczuwania na poziomie zwierzęcym jest bardzo ograniczona w czasie i przestrzeni, ponieważ odczuwanie nie ma miejsca nawet w najmniejszej odległości poza ciałem. Poza tym stworzenie na tym poziomie nie odczuwa nic poza bieżącymi, własnymi ramami czasu, lecz pozostaje tylko w chwili obecnej.

Na szczycie poziomu zwierzęcego znajduje się mówiący, składający się z siły emocjonalnej i siły intelektualnej. Z tego powodu jego siła przyciągania tego, co dla niego dobre, i odrzucania tego, co szkodliwe, jest nieograniczona ramami czasu i miejsca, tak jak to występuje na poziomie zwierzęcym. Dzięki nauce, która jest zdolnością intelektualną, nieograniczoną czasem i miejscem, można uczyć innych, gdziekolwiek się oni znajdują w całej rzeczywistości, w przeszłości lub w przyszłości, i poprzez pokolenia"[55].

Gdzie leży nasz wolny wybór

Jak właśnie dowiedzieliśmy się ze słów Baala HaSulama, różnica pomiędzy poziomem mówiącym rzeczywistości a pozostałymi trzema poziomami, zarówno w ich ogólnej naturze, jak i w nas samych, polega na tym, iż jesteśmy nieograniczeni czasem i miejscem w kwestii tego, co powinniśmy przyciągnąć blisko nas, a co powinniśmy od nas odepchnąć. Innymi słowy, w całej naturze ludzkość jest jedynym gatunkiem, który posiada wolność wyboru. Podczas gdy wszystkie inne stworzenia bezwolnie podążają za dyktatami natury, my jednak możemy zdecydować, czy podążać za nimi, czy też nie. Niestety, jak wynika z obecnych ogólnoświatowych kryzysów, kiedy decydujemy się działać wbrew nakazom natury, nie mając pełnej wiedzy o konsekwencjach naszych działań, wtedy dotkliwie cierpimy z powodu naszych błędów.

A ponieważ wewnętrznie składamy się z tych samych czterech poziomów, stąd ta sama reguła obowiązuje w nas i tylko te pragnienia i cechy w nas, które należą do poziomu mówiącego, stanowią to, w czym mamy wolność wyboru.

Wewnątrz nas podstawowe, naturalne pragnienia - reprodukcji i kontynuacji gatunku, schronienia i żywności - odpowiadają pierwszym trzem poziomom pragnień w przyrodzie – nieożywionemu, roślinnemu i zwierzęcemu. Czwarty poziom,

„mówiący", przejawia się w nas w pragnieniach bogactwa, wykraczających ponad nasze podstawowe potrzeby, władzy, sławy, szacunku i wiedzy.

Podstawowa różnica między trzema niższymi poziomami i czwartym jest taka, iż te niższe trzy istnieją w każdym stworzeniu na ziemi. Każda istota stara się zapewnić przetrwanie swojego gatunku i chronić swoje potomstwo w odpowiedni sposób. W odróżnieniu od nich czwarty poziom pragnień, które z grubsza określamy jako „pragnienia bogactwa, honoru i wiedzy", są zarezerwowane dla gatunku ludzkiego.

Podobnie jak w ich ogólnej naturze, trzy niższe poziomy działają w sposób automatyczny, zgodnie z nakazem natury. Jedyną grupą, w której istnieje wolność wyboru, jest mówiący poziom pragnień. Dlatego też musimy najpierw nauczyć się funkcjonowania naszej wewnętrznej natury, zanim spróbujemy zaspokoić pragnienia wyższego poziomu.

Aby móc właściwie pracować z naszym czwartym poziomem pragnień, musimy wiedzieć, co wpływa na te pragnienia i jaki jest cel ich istnienia w nas. W rzeczy samej istnieje kolejny poziom pragnień w nas, który „zastępuje" wszystkie cztery poziomy, a który istnieje tylko w człowieku.

Punkt w sercu

Jest to poziom, który rabin Natan Szapiro nazwał „Boskim mówiącym". Właśnie to pragnienie skłania nas do zbadania, w jaki sposób funkcjonuje ten świat, co sprawia, iż działa on w taki sposób, i dlaczego tak jest. Pragnienie to nazywa się „Izrael", *Jaszar El* (prosto do Stwórcy). W Abrahamie pragnienie to pojawiło się jako pragnienie dowiedzenia się: „Jak to możliwe, aby koło to nieustannie obracało się bez kierującego? Kto obraca nim, bo przecież nie może się ono samo obracać?"[56].

Baal HaSulam nazwał to pragnienie poznania Stwórcy „punktem w sercu". W swoim „Wstępie do Księgi Zohar" wyjaśnia, iż serce można postrzegać jako zbiór wszystkich swoich pragnień, a „punkt w sercu" jest pragnieniem w nas, które kieruje nas ku Stwórcy[57]. Mój nauczyciel Raw Baruch Szalom HaLewi Aszlag (Rabasz), pierworodny syn Baala HaSulama i jego następca, wyjaśnił, iż „punktem w sercu" jest pragnienie zwane „Izraelem". Według jego słów „W człowieku znajduje się także Izrael... ale nazywa się on 'punktem w sercu'"[58].

Teraz możemy zrozumieć, dlaczego Abraham był tak zdeterminowany, aby dzielić się tym, co odkrył. Wiedział, iż ludzkie pragnienia ewoluują, i wiedział też, że im bardziej one ewoluują, tym bardziej będą zwracać się ku zdobyciu bogactwa, władzy, dominacji nad innymi i wiedzy. Było dla niego jasne, że bez poznania natury ludzkich pragnień ludzie nie będą w stanie właściwie zarządzać sobą i swoimi społecznościami.

Kiedy Nimrodowi udało się zniweczyć wysiłki Abrahama, który pragnął przekazać swoją wiedzę wszystkim Babilończykom, ten mądry człowiek zebrał wszystkich tych, którzy poszli za nim, i wyszedł z Babilonu, aby rozpowszechniać swoje przesłanie na zewnątrz. Rzeczywiście, dziedzictwem Abrahama dla nas jest to, iż ci, którzy rozumieją to, czego nauczał, powinni dzielić się swoją wiedzą z każdym, kto chce jej wysłuchać. Według słów *Księgi Zohar* „Abraham wykopał studnię (Beer Szeba). Zbudował ją, ponieważ nauczał wszystkich ludzi na świecie, aby służyli Stwórcy. A kiedy już ją wykopał, dostarcza ona wody życia, które nigdy nie ustają"[59].

Współcześni ludzie Izraela są potomkami uczniów Abrahama, ludzi z punktami w sercach, punktem Izraela wewnątrz nich. I chociaż punkt ten jest teraz zakryty warstwami wieków zapomnienia, wciąż istnieje i czeka na ponowne odkrycie. Według słów świętego Szlaha: „Izrael zwany jest 'Zgromadzeniem Izraela', bo chociaż poniżej są oni oddzieleni od siebie nawzajem, jednak na górze, u korzeni swych dusz, stanowią oni jedność i są skupieni, albowiem są oni częścią Pana. Gałęzie (lud Izraela), które pragną powrócić do swoich korzeni, muszą podążać za przykładem swoich korzeni, co oznacza zjednoczenie się także poniżej. Kiedy rozdzielenie przejawia się pośród nich, wydają się oni powodować rozdzielenie i odłączenie powyżej, zobacz jak dalece rozciąga się ta kwestia. Dlatego cały dom Izraela musi dążyć do pokoju i być jednością, w pokoju i swojej pełni, bez skazy, aby przypominać ich Stwórcę (być z Nim w równoważnej formie), bo takie jest imię Pana, 'Pokój'"[60].

Kiedy Izrael zjednoczy się, a przez to doświadczy naprawy, będzie mógł wypełnić swoje powołanie i być „Światłością narodów" (Izajasz 42:6). Według słów rabina Neftali Cwi Jehudy Berlina (NACIW z Wołożyna) „Głównym powodem, dla którego większość z nas żyje na wygnaniu, jest to, że Pan objawił Abrahamowi, Ojcu naszemu, iż jego synowie zostali stworzeni, aby być światłem dla narodów, co jest niemożliwe, chyba że zostaną oni rozproszeni na wygnaniu. Podobnie było z Jakubem, Ojcem naszym, kiedy przybył do Egiptu, gdzie była wtedy większość ludzi. W ten sposób Jego imię stało się wielkie, kiedy ujrzeli oni Jego opatrzność nad Jakubem i jego potomstwem"[61].

Mówiąc o ewolucji pragnień, rasa ludzka stanowi czwarty i najwyższy poziom pragnienia, jedyny, który pozwala na wolny wybór. Jednakże, aby dokonać właściwych wyborów, ludzie muszą wiedzieć, jak wszystko działa od poziomu korzeni. Izraelczycy reprezentują pragnienie poznania korzenia, a zatem ich obowiązkiem jest badanie korzenia i przekazywanie swoich spostrzeżeń reszcie ludzkości. W ten sposób każdy człowiek będzie wiedział, jak sprawić, aby ich decyzje działały na ich korzyść.

Aby zdobyć tę wiedzę, Abraham stworzył metodę badawczą, która była rozwijana przez mędrców na przestrzeni wieków. Następny rozdział omówi ewolucję tej metody, która od czasu napisania *Księgi Zohar* była określana jako „Kabała".

ROZDZIAŁ 3
Naprawy w okresie wielu wieków

Ewolucja metody naprawy

W poprzednim rozdziale powiedzieliśmy, że pragnienia rosną od poziomu nieożywionego, poprzez roślinny i zwierzęcy, aż do poziomu mówiącego. Powiedzieliśmy także, iż ten postęp występuje zarówno zewnętrznie, w naturze ogólnej, jak i w sposób wewnętrzny, w nas samych. Wiemy już także, że tylko na poziomie mówiącym w nas posiadamy wolny wybór, lecz aby dokonywać wyborów, które są dla nas korzystne, musimy najpierw dowiedzieć się, w jaki sposób natura funkcjonuje u swoich podstaw.

Na koniec powiedzieliśmy, iż Izrael reprezentuje pragnienie poznania korzenia, Stwórcy, Stworzyciela wszystkiego, co istnieje, i że Abraham jako pierwszy odkrył ten korzeń. Próbował on nauczać o tym swoich współczesnych, a dzisiaj my, Żydzi, potomkowie tego pragnienia, musimy kontynuować dzieło Abrahama i wypełnić jego zadanie.

Co odkrył Abraham - to fakt, iż jedyny problem, z jakim musiała się mierzyć cała społeczność, to rosnące ego jednostek. Jednostki te były zbyt skupione na sobie, aby utrzymać zrównoważone społeczeństwo. Kiedyś byli oni „jednym językiem i jedną mową", ale z powodu rosnącego ego stali się wyobcowani i niekomunikatywni. Stali się tak sobie obojętni, tak nieczuli i pochłonięci wychwalaniem samych siebie, że - jak wspomniano w poprzednim rozdziale - „Jeśli człowiek spadł i zabił się [przy budowie wieży Babel] nie żałowano go. Ale jeśli spadła cegła, siadali i zaczynali płakać, mówiąc: 'Kiedy następna pojawi się na jej miejsce?'"[62].

Co gorsza, Abraham odkrył, że rosnące ego nie ma zamiaru przestać rosnąć. Była to wrodzona cecha natury ludzkiej, odrębna cecha poziomu mówiącego, taka, że ego powinno stale rosnąć, ponieważ jest podsycane przez zazdrość o innych. W swoim „Wstępie do Księgi Panim Meirot uMasbirot" (Świetliste i życzliwe oblicze) Baal HaSulam pisze: „Stwórca zaszczepił trzy skłonności w masach (ludziach), zwane: 'zazdrość', 'pożądanie' i 'honor'. Dzięki nim masy rozwijają się stopniowo, wydobywając oblicze całego człowieka"[63]. Innymi słowy, zazdrość nie jest zła sama w sobie, jednak musi zostać naprawiona i skierowana w konstruktywnym kierunku.

(Niekoniecznie) Zła skłonność

Kiedy nasi mędrcy piszą o *Jecer HaRah* (złej skłonności), odnoszą się do sposobu, w jaki używamy zazdrości, aby ranić innych lub odnosić korzyść ich kosztem. Ale jeśli użyjemy wspomnianej zazdrości, żądzy i honoru w sposób właściwy, staną się one narzędziami naszej naprawy. Dlaczego też Święty Szlah wspominał: „Najgorszymi cechami są zazdrość, nienawiść, chciwość, żądza itd., które to są cechami złej skłonności – a dzięki którym będziemy służyć Stwórcy"[64].

A jednak z natury używamy tych inklinacji w sposób negatywny, jak napisano (Rodzaju, 8:21): „Skłonność serca człowieka jest zła od jego młodości". Podobnie: „Nie ma zła prócz złej skłonności" - napisał Szymon Aszkenazi[65], a wieki wcześniej *Midrasz Raba* stwierdzał, że „Ludzie są zalani złymi skłonnościami, jak jest powiedziane: 'Ponieważ skłonność serca człowieka jest zła od jego młodości'"[66].

Abraham odkrył, iż ze wszystkich stworzeń tylko ludzie posiadają złą skłonność. Dlaczego też wielki Ramchal napisał: „Nie ma innego stworzenia, które mogłoby wyrządzić taką krzywdę, jak człowiek. Może on grzeszyć i buntować się, a skłonność ludzkiego serca jest zła od jego młodości, co nie ma miejsca w przypadku żadnego innego stworzenia"[67].

Baal HaSulam pisze, iż złą skłonnością jest pragnienie otrzymywania[68]. Jednakże w poprzednich rozdziałach mówiliśmy, iż pragnienie otrzymywania jest całym stworzeniem, a człowiek stanowi czwarty i najbardziej rozwinięty poziom pragnienia otrzymywania. Dlaczego więc nasze pragnienie otrzymywania jest źródłem wszelkiego zła?

Problem polega na tym, że pragnienie otrzymywania na poziomie ludzkim nie jest zjawiskiem statycznym. Stale rośnie i wciąż szuka więcej. Według słów naszych mędrców „Człowiek opuszcza ten świat z zaledwie połową spełnionych pragnień w ręku, ponieważ ten, kto ma sto, pragnie mieć dwieście; ten, kto ma dwieście, pragnie czterysta"[69]. Ponieważ stale szukamy więcej, wciąż czegoś nam brakuje. Podobnie Święty Szlah stwierdza: „Ten, kto nie jest zadowolony, wciąż odczuwa brak"[70] i dlatego jest ciągle nieszczęśliwy i niezadowolony. Patrząc na nasze konsumpcyjne społeczeństwo, widzimy, że jeśli ulegniemy temu elementowi w naszej naturze, zostaniemy wrzuceni w nieustanne „polowanie na przyjemności", którego nie można zakończyć, a które nie może nas uczynić szczęśliwymi.

W ten sposób Abraham uświadomił sobie, że zła skłonność, nienawiść i alienacja, które pojawiły się pośród Babilończyków, powodowały wszystkie kłopoty między nimi i że nie było żadnej nadziei, aby ten ferment sam się uspokoił. Uświadomił sobie jednak, że posiadanie silnego pragnienia otrzymywania było konieczne dla ukończenia celu Stworzenia, aby człowiek mógł osiągnąć stan *Dwekut* (przylgnięcie, równoważność formy) ze Stwórcą. Według słów Ramchala, uzupełniając cytat zamieszczony powyżej: „Ale z drugiej strony, kiedy [człowiek] jest naprawiony i wypełniony, wznosi się ponad wszystko i zasługuje na przylgnięcie do Niego, a wszystkie inne stworzenia są zależne od niego"[71].

Dlatego zamiast próbować unicestwić złą skłonność, Abraham opracował metodę, dzięki której ludzie byli w stanie naprawić czy też „oswoić" swoje skłonności, czyli ego, a tym samym czerpać korzyści z jego wzrostu. Kiedy już opracował swoją metodę, zaczął dzielić się nią ze wszystkimi, nie robiąc żadnych wyjątków, jak zapewnia Majmonides: „Zaczął wołać do całego świata"[72].

Jak wspomnieliśmy we wstępie, Majmonides napisał, iż Abraham „zaszczepił tę zasadę [że istnieje jeden Bóg, jedna siła na świecie] w ich sercach, pisał książki na ten temat i uczył swojego syna Izaaka".

Jednak metoda Abrahama była odpowiednia tylko dla jego współczesnych. Nie mogła, ani nie miała być ona odpowiednia dla przyszłych pokoleń. Ponieważ zła skłonność na poziomie mówiącym – pragnienie otrzymywania dla samego siebie, inaczej zwane „egotyzmem" – stale rośnie i rozwija się, do czasu, kiedy lud Izraela stał się narodem i wyszedł z Egiptu, nowa metoda naprawy była konieczna.

Mniej więcej trzy miliony, które wyszły z Egiptu, różniły się od siedemdziesięciu dusz, które do niego weszły dwa wieki wcześniej. W Egipcie pragnienie Izraela, aby otrzymywać, wzrosło niesłychanie i wymagało bardzo wyraźnego zestawu instrukcji w celu jego naprawy.

Mojżesz mówi: „Zjednoczcie się!"

Rozwiązanie tego problemu pojawiło się w formie Tory Mojżesza, ale także z nowym warunkiem wstępnym dla wykonania jakiejkolwiek naprawy od tego momentu. Aby otrzymać Torę, pisze wielki komentator RASZI, lud Izraela stanął u podnóża góry Synaj „jak jeden człowiek z jednym sercem"[73]. Ta całkowita i niepodważalna jedność przekształciła się później w jedną z najbardziej znaczących cech Izraela – wzajemne poręczenie – szlachetną cechę, odróżniającą Izrael od wszystkich narodów tamtych czasów.

Po przyjęciu warunku, aby być niczym jeden człowiek z jednym sercem, Izrael otrzymał Torę, instrukcję, kodeks praw, który pomógłby im oswoić ego. Dzięki temu stali się społeczeństwem, którego każdy członek – mężczyzna, kobieta i dziecko – osiągnął Stwórcę i żył zgodnie z prawem wzajemnego poręczenia, w równoważności formy z jedynym Bogiem (czy też siłą), którą odkrył Abraham. Talmud Babiloński pisze: „Sprawdzili od Dana do Beer Szeby i nie znaleziono żadnego ignoranta [osoby nienaprawionej] od Gewata do Antypris, i nie znaleziono żadnego chłopca ani dziewczyny, mężczyzny lub kobiety, którzy nie byli dogłębnie zaznajomieni z prawami czystości i nieczystości [naprawy zgodne z prawem Mojżesza]"[74].

Dzięki nowo nabytej jedności Izrael podbił Kanaan - od słowa Keniaa (poddanie)[75] - i przekształcił go w „Ziemię Izraela", miejsce, gdzie panuje pragnienie Stwórcy. Świątynia, którą Izrael wzniósł na tej ziemi, reprezentowała ich wysoki poziom osiągnięcia Stwórcy, gdzie w dalszym ciągu rozwijali i wdrażali metodę Mojżesza.

A jednak, jak piszą nasi mędrcy: „Zła skłonność rodzi się wraz z człowiekiem i rośnie w nim przez całe jego życie"[76] oraz „Skłonność w sercu człowieka jest zła od jego młodości i zawsze rośnie we wszystkich pożądliwościach"[77]. Jednakże metoda naprawy dana przez Mojżesza, prawa, które nazywamy „Torą", pozostały nietknięte przez okres Pierwszej i Drugiej Świątyni, a nawet w czasie wygnania w Babel.

Ale kiedy duchowy upadek Izraela trwał, ludzie coraz trudniej utrzymywali swoją jedność i związek ze Stwórcą. W rezultacie tego Druga Świątynia była na niższym stopniu duchowym (poziomie połączenia lub równoważności formy ze Stwórcą) niż Pierwsza. Kabalista Rabin Behajei Ben Aszer Ewen Halua wyjaśnia: „Od dnia, kiedy Boskość była obecna w Izraelu po otrzymaniu Tory, nie opuściła Ona Izraela aż do upadku Pierwszej Świątyni. Od czasu upadku Pierwszej Świątyni... nie była Ona stale obecna, tak jak podczas Pierwszej Świątyni"[78].

Ostatecznie poziom egotyzmu powiększył się w Izraelu do tego stopnia, że całkowicie oddzielił ich od siebie nawzajem, a także od Stwórcy. W rzeczy samej ich oddzielenie od siebie wzajemnie spowodowało ich oddzielenie od Stwórcy, utratę możliwości postrzegania fundamentalnej siły życia. To z kolei doprowadziło do ruiny Drugiej Świątyni, a zarazem ostatniego i najdłuższego wygnania.

W swojej książce „Necach Israel" (Wieczny Izrael) rabin Israel Segal opisuje upadek Izraela ze stanu łaski: „W czasie Drugiej Świątyni istniała szczególna cecha, taka iż Izrael nie był podzielony na dwie części; była wśród nich tylko jedność. Dlatego Pierwsza Świątynia została zrujnowana przez wykroczenia, które stanowiły *Tuma'a* (nieczystość), a Pan nie mieszkał pośród nich w stanie *Tuma'a*. Jednakże Druga Świątynia została zniszczona przez bezpodstawną nienawiść, która zniweczyła ich jedność, a która to była ich cnotą w czasie Drugiej Świątyni"[79].

Podobnie wielki uczony i poeta, rabin Abraham Ben Meir Ibn Ezra pisał: „'A staniecie na ich wyżynach', 'I pozwolę wam jechać po wyżynach ziemi', a powodem tego jest bezpodstawna nienawiść, która była obecna w Drugiej Świątyni, a która ostatecznie doprowadziła do wygnania Izraela"[80].

Wielki upadek i ziarna odkupienia

Wygnanie po upadku Drugiej Świątyni było za sprawą bezpodstawnej nienawiści, ale służyło również dwojakiemu celowi. Pierwszym było to, iż wygnanie było bodźcem do dalszego rozwijania metody naprawy. Ponieważ Tora Mojżeszowa już nie wystarczała do utrzymania duchowego poziomu narodu, nadszedł czas, aby dostosować tę metodę do aktualnego stanu – ludu przebywającego na wygnaniu i bardziej egoistycznego niż za czasów Mojżesza. Drugim celem wygnania było połączenie Izraela z innymi narodami, aby rozprzestrzenić „duchowy gen" na całym świecie, a tym samym umożliwienie naprawy całej ludzkości, tak jak początkowo zamierzał Abraham.

Mniej więcej w okresie upadku Drugiej Świątyni skomponowano dwa nowatorskie dzieła. Jednym z nich była *Miszna*, a drugim - *Księga Zohar*. To pierwsze, wraz z Biblią, stało się podstawą praktycznie wszystkich żydowskich mądrości aż do dziś. Natomiast drugie zostało ukryte zaraz po jego napisaniu i pozostało ukryte przez ponad tysiąc lat, dopóki nie odnalazło się w rękach rabina Mojżesza z Leon.

Autorzy Miszny, Gemary i reszty pism naszych mędrców zapewnili ludziom Izraela na wygnaniu wskazówki zarówno na poziomie duchowym, jak i fizycznym. Podczas gdy pisma opisują stany duchowe, mogą one równie łatwo być postrzegane jako przykazania fizyczne.

Ponieważ prawa, które zalecali nasi mędrcy, pochodziły od praw duchowych, miały one zastosowanie w życiu fizycznym, tak jak Izrael stosował je przed zniszczeniem Świątyni. W ten sposób Żydzi utrzymywali pewien poziom połączenia z poprzednim stanem duchowym, chociaż bez rzeczywistego osiągnięcia źródła praw.

Rabin Menahem Nahum z Czarnobyla tak napisał w odniesieniu do odłączenia Izraela od poziomu duchowego i utraty osiągnięcia Stwórcy: „Przyczyną wygnania jest zniszczenie Świątyni w sensie ogólnym, jak i w odniesieniu do jednostki. Izrael stał się tak zepsuty, iż spowodował wygnanie *Szchiny* (Boska obecność) z głównej Świątyni. Ta indywidualna (osobista) Świątynia znajduje się w ich sercach... i przez odejście od indywidualnej Świątyni (Boskości)... [oni] odeszli od głównej Świątyni i pojawiło się wygnanie"[81].

Jonathan Ben Natan Netah Eibszic napisał w tym samym duchu: „W przypadku Pierwszej Świątyni Boskość nie wyszła z niej, ponieważ wygnanie trwało krótko. Jednakże po upadku Drugiej, co trwało dłużej, *Szchina* (Boskość) odeszła zupełnie"[82].

I podczas gdy większość Żydów skupiała się na utrzymywaniu związku z duchowością na poziomie zaleconym przez mędrców Miszny i Gemary, zawsze pojawiali się ci wyjątkowi, którzy po prostu nie mogli zadowolić się ślepym przestrzeganiem przykazań. Pytania, które doprowadziły Abrahama do odkrycia Stwórcy, paliły się w nich; ich punkty w sercu nie zostały ugaszone, a oni sami zostali doprowadzeni do najgłębszych ze wszystkich studiów, do mądrości Kabały.

Nowa era, nowe podejście

Kabaliści utrzymywali swoje studia w tajemnicy. W sekretnych izbach opracowywali metodę naprawy, która byłaby odpowiednia dla wszystkich i kiedykolwiek byłaby potrzebna. W małych grupach, czasem samotnie, uczyli się i osiągali Stwórcę, ale zachowywali dla siebie większość z tego, czego się nauczyli i pisali głównie dla siebie.

Ale pewnego dnia w XVI wieku młody człowiek imieniem Izaak Luria przybył do kabalistycznego miasta Safed w północnym Izraelu. Jego przybycie oznaczało początek nowej ery w rozwoju metody naprawy. Poprzez swojego głównego ucznia, Chaima Witala, Izaak Luria - znany dzisiaj jako Święty ARI – szczegółowo przedstawił zupełnie nowe podejście do mądrości Kabały. Jego pozornie techniczne wyjaśnienia dotyczące struktury systemu duchowego oraz jego systematyczne, precyzyjne opisy stopniowo stały się dominującą metodą badań wśród kabalistów.

Główny uczeń ARI, rabin Chaim Wital, pilnie spisywał to, co dyktował jego nauczyciel. Po śmierci rabina Witala jego syn zaczął publikować te pisma, z których najbardziej znanymi są *Drzewo Życia* i *Osiem Bram*. Z czasem te kompozycje stały się podstawą dzisiejszej dominującej metody nauki Kabały, Kabały Luriańskiej, nazwanej tak na cześć Izaaka Lurii, ARI.

Zezwolenie na studia

Wraz z rosnącą przewagą Kabały Luriańskiej miało miejsce stopniowe wychodzenie ze stanu tajemniczości, ponieważ coraz więcej kabalistów wyczuwało, iż nadszedł czas, aby ujawnić tę metodę, dzięki której świat osiągnie ostateczną naprawę.

W swojej książce *Światło Słońca* kabalista rabin Abraham Azulai napisał: „Zakaz z góry, aby powstrzymywać się od otwartego studiowania mądrości prawdy [Kabały], był tylko przez ograniczony czas, aż do końca 1490 roku. Od tamtego czasu mamy do czynienia z ostatnim pokoleniem, dla którego zakaz został zniesiony i udzielono zgody na angażowanie się w *Księgę Zohar*. Natomiast od roku 1540 była to już wielka *Micwa* (przykazanie, dobry uczynek, naprawa), aby masy studiowały tę naukę, zarówno starsi, jak i młodzi. A ponieważ w wyniku tego nadejdzie Mesjasz, a nie z żadnego innego powodu, niewłaściwym jest zaniedbywanie tej nauki"[83].

Chociaż ARI nie pozwolił nikomu, za wyjątkiem Chaima Witala, na studiowanie swoich nauk, ten drugi pisał obszernie o znaczeniu studiowania Kabały. „Biada ludziom z powodu zniewagi Tory. Nie angażują się oni w mądrość Kabały, która czci Torę, a tym samym przedłużają swoje wygnanie i sprowadzają nieszczęścia, które wkrótce pojawią się na świecie" - napisał we wstępie do *Drzewa Życia*[84].

W kolejnych stuleciach liczni rabini, kabaliści i badacze twierdzili, iż nauka Kabały jest kluczowa dla naszego zbawienia, a nawet dla przetrwania naszego narodu. W połowie XVIII wieku Eliasz ben Salomon Zalman (GRA) napisał wprost: „Zbawienie zależy od nauki Kabały"[85].

Na początku XIX wieku kabaliści zaczęli głosić, że nawet dzieci powinny studiować Kabałę, tym samym cofając zakaz studiowania przed osiągnięciem wieku czterdziestu lat. Rabin z

Komarna napisał: „Gdyby lud mój posłuchał mnie w tym pokoleniu, gdzie przeważa herezja, zagłębiłby się on w studium *Księgi Zohar* i *Tikkunim* [Naprawy], kontemplując je z dziewięcioletnimi dziećmi"[86].

Na początku XX wieku Raw Izaak Hacohen Kook, który później został pierwszym naczelnym rabinem Izraela, otwarcie wzywał do studiowania kabały, a także do powrotu Żydów do ziemi Izraela. W swoim *Orot* (Światła) pisał: „Tajemnice Tory przynoszą odkupienie; wiodą Izrael z powrotem do Jego ziemi"[87].

Raw Kook wielokrotnie pisał wprost, iż każdy Żyd musi studiować Kabałę, chociaż rzadko wyraźnie używał tego określenia, gdyż zazwyczaj odnosił się do niej za pomocą innych znanych epitetów - „mądrość prawdy", „mądrość ukrytego", „wnętrze Tory" czy też „tajemnice Tory". Według jego słów „Przed nami jawi się obowiązek, aby rozwinąć i wspierać zaangażowanie w wewnętrzną stronę Tory we wszystkich kwestiach duchowych, co w szerszym znaczeniu obejmuje rozległą mądrość Izraela, której szczytem jest poznanie Boga w prawdzie zgodnie z głębokością tajemnic Tory. Aktualnie wymaga to wyjaśnienia i analizy, aby uczynić mądrość tą bardziej wyrazistą i coraz bardziej powszechną pośród całego naszego narodu"[88].

Teraz, wszyscy razem

Ostatni etap w ewolucji metody naprawy rozpoczął się na początku XX wieku, a obecnie nabiera on tempa. Ponieważ jesteśmy częścią tego etapu, ma on dla nas wielkie znaczenie.

Jak wspominano we wstępie, kiedy Abraham po raz pierwszy odkrył, iż tylko jedna siła rządzi i kieruje światem, zaczął wtedy rozprzestrzeniać swoją wiedzę. Jego celem było przekazać ją wszystkim ludziom bez wykluczenia kogokolwiek. Jednakże Nimrod, król babiloński, uniemożliwił mu osiągnięcie zamierzonego celu, a sam Abraham musiał odejść, ostatecznie przybywając do ziemi Kanaan, którą zamienił w Izrael (zgodnie z pragnieniem osiągnięcia *Jaszar El* - prosto do Stwórcy).

Cel ten nie zmienił się mimo upływu wieków. „Noe został stworzony, aby naprawić świat w stanie, w jakim był on w tamtym czasie... a oni [jego współcześni] również mieli otrzymać naprawę dzięki niemu", pisze Ramchal[89]. Ponadto w swoim komentarzu do Tory Ramchal pisze: „Mojżesz chciał zakończyć naprawę świata w tamtym czasie. Dlatego wziął ze sobą różnorodny tłum, ponieważ sądził, iż w ten sposób nastąpi naprawa na świecie, która oznaczać będzie koniec naprawy... Jednak nie udało się to z powodu zepsucia, które nastąpiło po drodze"[90].

Po upadku Drugiej Świątyni kabaliści zdecydowali się ukryć mądrość przed wszystkimi, Żydami oraz nie-Żydami, aż do czasów ARI, kiedy zaczęli czuć, że nadszedł czas, aby ujawnić ją wszystkim. Wtedy to zaczęli nauczać i przekazywać tę mądrość w sposób coraz bardziej wyraźny i bezpośredni z pokolenia na pokolenie.

Do początku XX wieku wszystkie ograniczenia zostały zniesione, a kabaliści otwarcie wzywali do szerzenia tej mądrości i nauczania jej wszystkie narody. Raw Kook wyraził tę postawę w sposób bardzo wyraźny w jednym ze swoich listów: „Zgodziłem się ujawnić wszystkie tajemnice świata, ponieważ jest to czas, aby pracować dla Stwórcy, a co właśnie wymaga od nas ten czas. Więksi i lepsi ode mnie doświadczali oszczerstw z tego powodu, jako że ich czysty duch naciskał na nich przez wzgląd na naprawę pokolenia, aby wypowiadali nowe słowa i aby odsłonili to, co ukryte, do czego nie był przyzwyczajony intelekt mas"[91].

Podczas I Wojny Światowej Raw Kook czuł się w obowiązku nakreślić powiązanie, jakie dostrzegał pomiędzy problemami świata i ożywieniem siły duchowej Izraela poprzez jedność. W swojej książce *Orot* (Światła) pisał: „Budowa świata, który obecnie jest niszczony przez straszliwe burze miecza wypełnionego krwią, wymaga odbudowy narodu izraelskiego. Budowa narodu i odkrywanie jego ducha to jedno i to samo i stanowi jedność z budową całego świata, który rozpada się w oczekiwaniu na siłę pełną jedności i wzniosłości, a wszystko to znajduje się w duszy Zgromadzenia Izraela"[92].

Współczesny jemu Baal HaSulam pisał obszernie i często wprost o konieczności ujawnienia mądrości Kabały wszystkim, szczególnie w naszych czasach. W swoim eseju „Szofar Mesjasza" on pisał: „Wiedzcie, iż oznacza to, że dzieci Izraela doznają odkupienia, tylko kiedy ukryta mądrość będzie objawiana w wielkiej mierze, jak napisano w *Księdze Zohar*: 'Dzięki temu dziełu dzieci Izraela są wybawiane z wygnania'.

...Według mojej oceny jesteśmy pokoleniem, które stanie na samym progu zbawienia, jeśli tylko będziemy wiedzieć, jak mamy szerzyć ukrytą mądrość pośród mas.

...Jest jeszcze inny powód ku temu. Zaakceptowaliśmy to, że istnieje warunek wstępny dla odkupienia - iż wszystkie narody świata zaakceptują prawo Izraela [obdarzania], jak jest napisane: 'A ziemia będzie pełna poznania'. Jest to tak, jak w przykładzie wyjścia z Egiptu, gdzie istniał warunek, iż faraon także zaakceptuje prawdziwego Boga i Jego prawa i pozwoli im odejść".

Musimy zrozumieć, skąd przyjdą narody świata z takim pojęciem i pragnieniem. Wiedz, iż będzie to dzięki rozpowszechnianiu prawdziwej mądrości, że ostatecznie zobaczą oni prawdziwego Boga i prawdziwe prawo [obdarzania]. A rozpowszechnianie mądrości masom nazywa się *Szofar* [trąbka albo świąteczny róg barani]. Tak jak *Szofar*, którego dźwięk wędruje na duże odległości, echo tej mądrości rozprzestrzeni się na cały świat"[93].

Rzeczywiście, dziedzictwo tych duchowych tytanów zostało spełnione, a obecnie każdy, kto tylko chce, może uczyć się „mądrości ukrytego" niezależnie od wyznania, wieku czy płci, jako że nie jest już ona ukryta. Jak przewidywał Abraham, nasz globalny Babilon może teraz uczyć się fundamentalnego prawa życia, które je tworzy i podtrzymuje, i nie ma w tej kwestii żadnych ograniczeń.

Ale jeśli wszystko jest w porządku, to dlaczego jest tak wiele zła na świecie? Dlaczego tak wielu ludzi nadal cierpi i dlaczego liczba osób, będących w trudnej sytuacji, wydaje się wciąż rosnąć? Jeżeli fundamentalne prawo życia może zostać poznane przez wszystkich, to dlaczego tak niewielu je zna, szczególnie teraz, kiedy nie wiemy, w jaki sposób poradzić sobie z wieloma kryzysami, które ogarniają ludzkie społeczności? Jeśli to prawo jest Stwórcą, a zatem może naprawić wszystko, dlaczego wszyscy nie garną się do jego nauki?

Aby odpowiedzieć na te pytania, musimy zrozumieć drogi, po których rozprzestrzenia się ta mądrość, a szczególnie rolę Żydów w szerzeniu Kabały, i co to znaczy być światłem dla narodów. W związku z tym kolejny rozdział omówi rolę narodu żydowskiego przez pryzmat Kabały.

ROZDZIAŁ 4
Naród z misją

Rola narodu żydowskiego

„Abraham otrzymał błogosławieństwo bycia jak
gwiazdy nieba,
Izaak - błogosławieństwo piasku, a Jakub, jako proch ziemi,
ponieważ dzieci Izraela zostały stworzone,
aby naprawić całe stworzenie".

Jehuda Lejb Arie Altar (ADMOR z Gur),
Sefat Emet (Prawdomówne usta), *Bamidbar* (Liczb)

Pod koniec poprzedniego rozdziału zadaliśmy pytanie: „Jeśli
wszystko jest w porządku, dlaczego zatem jest tak wiele zła na
świecie?" oraz „Jeśli fundamentalne prawo życia może zostać
poznane przez wszystkich, dlaczego tak mało ludzi wie o nim,

zwłaszcza teraz, kiedy nie mamy pojęcia, jak poradzić sobie z wieloma kryzysami, dotykającymi społeczności człowieka?" Powiedzieliśmy też, że aby odpowiedzieć na te pytania, musimy zrozumieć, w jaki sposób rozpowszechnia się wiedza o tym prawie i jaką rolę pełnią Żydzi w tym rozpowszechnianiu.

Może przypominacie sobie, że we wprowadzeniu wspomniano, że kiedy Abraham odkrył, iż to jedyna siła prowadzi świat, natychmiast chciał powiedzieć o tym swoim krajanom. Nie stawiał żadnych warunków wstępnych; chciał podzielić się nowo poznaną wiedzą ze wszystkimi. Niestety, ani jego król - Nimrod, ani inni ludzie nie byli gotowi zaakceptować poglądu, że siła, zarządzająca całym życiem, jest siłą obdarzania i że ich celem w życiu, jak mówiliśmy w rozdziale 1, jest ujawnienie tego poprzez bycie podobnym, a nawet równym tej sile. Babilończycy czasów Abrahama byli zbyt zajęci budowaniem swojej wieży, próbując sprzeciwić się prawom Natury.

Kiedy Abraham wędrował przez ziemię obecnego Bliskiego i Środkowego Wschodu po drodze do Kanaan, zebrał w swoim namiocie i pod dachem swojego dogmatu wszystkich, którzy byli w stanie zrozumieć jego poglądy i zobowiązali się do samotransformacji od egoizmu do właściwości obdarzania. Ludzie ci później stali się narodem Izraela, nazwanym tak w imię pragnienia dotarcia prosto do Stwórcy.

Jednakże cztery poziomy życia - nieożywiony, roślinny, zwierzęcy i mówiący - są czymś stałym. Muszą zostać w pełni urzeczywistnione, a wszyscy ci, którzy fizycznie należą do poziomu mówiącego, muszą ostatecznie osiągnąć go także w wymiarze duchowym. Fakt, że nie wszyscy Babilończycy byli gotowi dokonać zmiany w czasach Abrahama, nie zmienia niczego pod względem ostatecznego celu, dla którego cała ludzkość istnieje. Stąd też ci, którzy byli gotowi podjąć to zobowiązanie, stali się „strażnikami" wiedzy, którym powierzono utrzymanie i pielęgnowanie jej dla potomności.

W swoim eseju „Arwut" (wzajemne poręczenie) Baal HaSulam napisał: „[Stwórca powiedział] 'Będziecie Moją Sgulą (lekarstwem/cnotą) spośród wszystkich narodów'. Oznacza to, że będziecie Moim lekarstwem, a iskry oczyszczenia ciała przejdą przez was na wszystkie narody świata. Narody świata nie są jeszcze na to gotowe, a Ja potrzebuję przynajmniej jednego narodu na początek, zatem będzie to stanowiło remedium dla wszystkich narodów"[94].

Cytat ten w połączeniu ze słowami rabina Altara, zacytowanymi na początku tego rozdziału: „Dzieci Izraela zostały stworzone, aby dokonać naprawy całego stworzenia", a także połączony z cytatami, zawartymi poniżej w tym rozdziale, nie pozostawia wątpliwości co do poglądów żydowskich przywódców duchowych w ciągu wieków w kwestii roli, jaką Żydzi mają do spełnienia na świecie.

Kiedy Mojżesz wyprowadził lud Izraela z Egiptu, zamierzał przede wszystkim przekazać im prawo, którego nauczył się sam, prawo, którego Abraham nauczył się przed nim. Jego celem było ukończenie, a przynajmniej rozwinięcie zadania, które rozpoczął Abraham pokolenia wcześniej. Raw Mosze Chaim Lozzatto, wielki Ramchal, napisał o tym: „Mojżesz chciał wtedy dokonać naprawy świata. Dlatego zabrał ze sobą różnorodny tłum [skupionych na sobie ludzi, bez naprawionych pragnień], ponieważ myślał, że w ten sposób nastąpi naprawa świata, która oznaczać będzie koniec naprawy... Jednakże nie odniósł on sukcesu z racji całego zepsucia, jakie wystąpiło po drodze"[95]. Pomimo trudności, pisze rabin Izaak Wildman: „To była modlitwa Mojżesza i błogosławieństwo dla pokolenia pustyni, jako że byli początkiem naprawy świata"[96].

Jednak świat nie potrzebował naprawy. Narody nie były gotowe porzucić miłości własnej i przyjąć altruizmu – dawania - jako swojej najwyższej wartości. Tak więc w międzyczasie naród Izraela „dopracowywał" swoją własną naprawę, czekając, aż reszta narodów będzie gotowa i chętna do tego. Według słów Ramchala „Powinniśmy wiedzieć... że stworzenie jako całość nie zostanie ukończone, dopóki cały naród wybrany nie zostanie ułożony we właściwym porządku, wyposażony we wszystkie ozdoby, z *Szchiną* (Boskością) przylegającą do niego. W konsekwencji tego świat osiągnie stan kompletny. ...Musimy dojść do stanu, w którym naród będzie spełniać wszystkie wymagane warunki, a całe stworzenie otrzyma swoją pełnię, a wtedy świat zostanie ustanowiony na zawsze w naprawionym stanie"[97].

Wynika z tego, że naród izraelski służy jako pewien kanał, za pomocą którego naprawa, a mianowicie właściwość obdarzenia, powinna dotrzeć do zamierzonych odbiorców: narodów świata. W swoim elokwentnym, kwiecistym stylu Raw Kook wyjaśnia, jak widzi rolę Żydów w odniesieniu do reszty narodów: „Ponieważ powołanie Izraela, będącego narodem Pana, jest obecne, całkowite, widoczne, trwałe i aktywne w świecie, jest przez to ważnym świadectwem dla świata, dla wszystkich potomków, którzy uzupełniają formę rodzaju ludzkiego, aby zachowywali jego cechy i podnosili go po szczeblach świętości odpowiednich dla niego... które Pan ustalił. A ponieważ nasze własne powołanie jest zawsze aktualne, towarzysząc powołaniu całej Natury - której prawem jest dopełnienie wszystkich stworzeń i doprowadzenie ich do szczytu doskonałości - musimy strzec go dla życia nas wszystkich, które jest zawarte wewnątrz niego, i dla całej ludzkości oraz jej rozwoju moralnego, której los zależy od losu naszego istnienia"[98].

Jak pokazano we wstępie do tej książki, Raw Kook posuwa się nawet do stwierdzenia: „Prawdziwy ruch duszy izraelskiej w jej najwspanialszym znaczeniu wyraża się jedynie poprzez jej świętą, wieczną moc, która w niej płynie. To jest właśnie to, co uczyniło, czyni i nadal będzie czyniło z niego naród, który jest światłością dla narodów"[99].

W swojej książce *Ein Ajah* (Oko sokoła) Raw Kook dodaje: „Wewnątrz Izraela ukryta jest świętość podnosząca wartość samego życia poprzez Boskość, która jest obecna w Izraelu. Narodowa dusza Zgromadzenia Izraela aspiruje do tego, co najbardziej wzniosłe i wyniesione - do działania w życiu poprzez najwyższą i Boską wartość, poprzez tę samą wartość, która nie pozwoli, aby ktoś był w stanie zapytać: 'Jaki jest cel takiego życia?' po zobaczeniu całej chwały i wzniosłości jego przyjemności oraz wspaniałości. Z całkowitą pełnią zostanie ona umieszczona w domu Izraela, a z niego rozpromieni się na ziemię i na cały świat 'na przymierze narodu, na światło wszystkich narodów'"[100].

Podobnie rabin Neftali Cwi Jehuda Berlin (znany jako NACIW z Wołożyna) napisał: „Prorok Izajasz powiedział: 'Wezmę cię za rękę i zatrzymam; Dam cię jako przymierze dla ludzi, światło dla narodów', to znaczy, aby naprawić przymierze, którym jest wiara, dla każdego narodu. Będą odrzucać wiarę w bożków i uwierzą w jednego Boga. W rzeczy samej przymierze z Abrahamem, naszym Ojcem, zostało w tej kwestii zawarte"[101].

Wyjdźcie i wymieszajcie się

W jaki sposób naprawa ta ma 'przepłynąć' do narodów? Jeśli naród izraelski naprawi się, jak wpłynie to na inne narody?

Kiedy Abraham po raz pierwszy odkrył Stwórcę, mówił o tym każdemu, kto chciał słuchać, a ci, którzy do niego dołączyli, stali się pierwszymi naprawionymi ludźmi. Ci ludzie następnie weszli do Egiptu, aby ostatecznie wyjść z niego w znacznie większej liczbie jako cały naród. Naród ten otrzymał Prawo Naprawy, a mianowicie Torę, i dokonał swojej naprawy. W czasie pierwszej Świątyni naród żydowski osiągnął najwyższy poziom połączenia ze Stwórcą, jak wykazano w poprzednim rozdziale. Od tamtego czasu naród zaczął podupadać, aż został wygnany do Babel. Kiedy ponownie wrócili do Ziemi Izraela, większość narodu żydowskiego zdecydowała się pozostać w diasporze i asymilować.

Rzeczywiście, w ten sposób zaczęło się przekazywanie tego posłannictwa. Kiedy ludzie, którzy otrzymali naprawę – po przekroczeniu granic własnego interesu i odkryciu Stwórcy - zmieszali się z tymi, którzy nigdy nie mieli takich aspiracji, te szlachetne idee zaczęły rozprzestrzeniać się w społeczeństwach gospodarzy, co zaowocowało bardziej humanitarnymi myślami w ludzkich umysłach. Chociaż nie były to naprawione myśli, wywodzące się z umysłów, które wykroczyły poza własny egotyzm, pojęcia uniwersalizmu i humanizmu zaczęły jednak opanowywać ludzkie umysły.

W okresie renesansu kilku uznanych uczonych twierdziło, iż Grecy przyjęli przynajmniej część swoich koncepcji od Żydów, a w tym przypadku konkretnie z Kabały. Johannes Reuchlin (1455-1522) na przykład, doradca polityczny kanclerza, napisał w *De Arte Cabbalistica* (O sztuce kabały): „Niemniej jednak jego [Pitagorasa] prymat pochodził nie od Greków, ale ponownie od Żydów. ...On sam jako pierwszy przekształcił nazwę Kabały, która była nieznana Grekom, na greckie pojęcie - filozofia"[102].

W 1918 r. francuski pastor, Charles Wagner, napisał: „Żadna ze świetnych nazw w historii - Egipt, Ateny, Rzym - nie może się równać z wieczną wspaniałością Jerozolimy, jako że Izrael przyniósł ludzkości kategorię świętości. Tylko Izrael znał pragnienie sprawiedliwości społecznej i tę wewnętrzną świętość, która jest źródłem sprawiedliwości"[103].

Niedawno jeden z historyków chrześcijańskich, Paul Johnson, napisał w *A History of the Jews* (Historii Żydów): „Żydowski wpływ na ludzkość ulegał zmianom. W starożytności byli oni wielkimi innowatorami w religii i w dziedzinie moralności. W ciemnych wiekach i wczesnośredniowiecznej Europie wciąż byli ludźmi zaawansowanymi, którzy przekazywali rzadką wiedzę i technologię. Stopniowo zostali oni zepchnięci ze swojej roli i pozostali w tyle. Pod koniec XVIII wieku byli już postrzegani jako obszarpani i konserwatywni członkowie tylnej straży w marszu cywilizowanej ludzkości. Ale kolejno nastąpił zdumiewający, drugi wybuch ich kreatywności. Wyłamując się z gett, po raz kolejny zmienili tok ludzkiego myślenia, tym razem w dziedzinie świeckiej. Dużo z 'mentalnego wyposażenia' współczesnego świata to także dzieło żydowskie"[104].

Podobnie w książce „The Gifts of the Jews: How a Tribe of Desert Nomads Changed the Way Everyone Thinks and Feels" („Dary Żydów: Jak plemię pustynnych nomadów zmieniło sposób, w jaki każdy myśli i czuje") jej autor Thomas Cahill, były dyrektor wydawnictwa religijnego w Doubleday, opisuje wkład

Żydów w życie świata, który jego zdaniem rozpoczął się podczas wygnania w Babilonie. „Żydzi zaczęli to wszystko" - pisze - „a przez 'to' mam na myśli wiele rzeczy, na których nam zależy, podstawowe wartości, które sprawiają, że wszyscy z nas, Żydzi i nie-Żydzi, wierzący i ateiści, funkcjonują w naszym życiu. Bez Żydów widzielibyśmy świat innymi oczami, słyszelibyśmy go inną parą uszu, a nawet odczuwali innym zestawem uczuć... Myślelibyśmy za pomocą innego umysłu, interpretowalibyśmy wszystkie nasze doświadczenia inaczej, wyciągalibyśmy inne wnioski z rzeczy, które nas spotykają. I wyznaczylibyśmy inny kierunek naszemu życiu"[105].

Co ciekawe, niektórzy znani przywódcy żydowscy również pisali na temat szerzenia (i zepsucia) mądrości żydowskiej po upadku Pierwszej Świątyni. Rabin Szmuel Bernstein z Sochaczewa pisał na przykład: „Grecy posiadali mądrość filozofii, wywodzącą się z pism króla Salomona, które znalazły się w ich posiadaniu po upadku Pierwszej Świątyni. Jednakże zostały one zepsute poprzez dokonane w nich odejmowanie, dodawanie i zastępowanie, aż wmieszały się w nie fałszywe poglądy. A jednak mądrość sama w sobie jest dobra, jednakże fragmenty zła zmieszały się z nią"[106].

Baal HaSulam pisał podobnie w dziele „Mądrość Kabały i filozofia": „Mędrcy Kabały przyglądają się teologii filozoficznej i skarżą się, iż ukradli oni górną warstwę ich mądrości, którą to Platon i jego greccy poprzednicy nabyli w trakcie studiowania z uczniami proroków Izraela. Skradli oni podstawowe elementy mądrości Izraela i nosili płaszcz, który nie był ich własnością"[107].

Dziedzictwo Żydów

Żydzi, którzy pozostali w Babilonie po upadku Pierwszej Świątyni, zniknęli, nie pozostawiając po sobie żadnych śladów, poza pojęciami, które przekazali swoim gospodarzom. Później, kiedy to Druga Świątynia została zrujnowana, cały naród żydowski został wygnany i wprowadził świat w dwie zasady, które miały stać się podstawą wszystkich trzech dominujących, trafnie nazwanych religii „abrahamowych", a mianowicie: „Kochaj bliźniego jak siebie samego" oraz „monoteizm", co oznacza, że istnieje tylko jeden Bóg, jedna siła rządząca światem. Pojęcia te mają kluczowe znaczenie dla powodzenia naprawy ludzkości, ponieważ gdy są rozumiane poprawnie, to pierwsze z nich określa sposób, w jaki dokonamy naprawy - poprzez kochanie innych, a nie tylko krewnych, lecz naszych sąsiadów, czyli obcych. To drugie natomiast definiuje istotę naszego osiągnięcia, kiedy już zostaniemy naprawieni - jedyna siła rzeczywistości.

Zgodnie z tym profesor T.R. Glover z Uniwersytetu Cambridge tak napisał w swoim *The Ancient World* (Starożytny świat): „To dziwne, iż obecne religie świata opierają się na religijnych ideach, wywodzących się od Żydów"[108]. Podobnie Hermann Rauschning, niemiecki konserwatywny rewolucjonista, który na krótko przystąpił do nazistów, napisał w *The Beast from the Abyss* (Bestia z otchłani): „Judaizm niemniej jednak jest niezbywalnym składnikiem naszej chrześcijańskiej zachodniej cywilizacji, wiecznym 'wezwaniem do Synaju', przeciwko któremu ludzkość raz po raz się buntuje"[109].

Wygnanie Żydów z Ziemi Izraela było długim procesem, dzięki któremu Żydzi, a zatem i wartości żydowskie, były stopniowo wchłaniane przez mieszkańców krajów, ich przyjmujących. Józef Ben Matitiahu, znany bardziej jako Józef Flawiusz, historyk romańsko-żydowski, opisuje wypędzenie Żydów przez Rzymian na początku ich wygnania. W *The Wars of the Jews* (Wojna żydowska) Flawiusz pisze: „A ponieważ pamiętał on, że dwunasty legion uległ Żydom, pod dowództwem Cestiusza, ich generała, wypędził ich wszystkich z Syrii, albowiem poprzednio byli w Rafanei, i wysłał ich dalej do miejsca zwanego Meletina w pobliżu Eufratu, które znajduje się w granicach Armenii i Kapadocji"[110].

W rozdziale trzecim Flawiusz wyjaśnia: „Ponieważ naród żydowski jest znacząco rozproszony wśród mieszkańców całej zamieszkanej ziemi, stąd bardzo jest on przemieszany z Syryjczykami z powodu jej sąsiedztwa, a także były wielkie tłumy w Antiochii z powodu wielkości miasta, w którym królowie po Antiochu zapewnili im mieszkanie w niezakłóconym spokoju"[111].

Obecnie, komentuje autor Yaakov (Jakub) Leschzinsky w *The Jewish Dispersion*, Żydzi rozprzestrzenili się po całym świecie w zaskakującym tempie. „Kiedy przyglądamy się diasporze Żydów na całym globie i w całym cywilizowanym świecie" - pisze - „jesteśmy zaskoczeni, widząc, iż naród ten, który jest niemalże najstarszym na świecie, jest w rzeczywistości najmłodszym pod względem własnej ziemi pod jego stopami i nieba ponad jego głową. Z powodu nieustających prześladowań i przymusowych wypędzeń większość Żydów jest zaledwie ostatnimi przybyszami, którzy dotarli do swoich ziem. Dziewięćdziesiąt procent Żydów mieszka w swoich nowych domach przez nie więcej niż pięćdziesiąt lub sześćdziesiąt lat! [Żydzi] są rozproszeni w ponad 100 krajach na wszystkich pięciu kontynentach"[112].

Co ciekawe, ich mieszanie się z innymi narodami jest dokładnie tym, co było wymagane, aby uzupełnić naprawy z czasów Mojżesza. Chociaż prawdą jest, że tak długo, jak Izrael był oddzielony od innych narodów, wyżej wspomniane zasady w sercu judaizmu nie mogły zostać skażone, prawdą jest również to, że Żydzi mieli wiele do zyskania dzięki wygnaniu pomiędzy narody świata. Dlatego to Księga Psalmów (106:35) mówi nam, iż Żydzi zostali wygnani, aby „zmieszać się z narodami i uczyć się na ich uczynkach".

Adam - pierwszy człowiek, zbiorowa dusza

ARI wyjaśnia, że tak naprawdę wszyscy jesteśmy częścią pojedynczej duszy, znanej kabalistom jako *Adam HaRiszon* (pierwszy człowiek), a dla większości innych ludzi po prostu jako Adam. Wygnanie, jak twierdzi ARI, miało miejsce jako kontynuacja procesu naprawy. W *Shaar HaPsukim* (Brama do wersetów) napisał: „Adam HaRiszon (Adam) zawierał wszystkie dusze i wszystkie światy. Kiedy zgrzeszył, wszystkie te dusze spadły z niego w *Klipot* (skorupy, formy egotyzmu), które dzielą się na siedemdziesiąt narodów. Izrael musi być tam na wygnaniu, w każdym narodzie, aby zbierać lilie świętych dusz, które rozproszyły się pośród tych cierni, jak napisali nasi mędrcy w *Midrasz Raba*: 'Dlaczego Izrael został zesłany pomiędzy narody? Aby dodać obcych do siebie'"[113]].

W tym względzie NACIW z Wołożyna napisał: „Początek tego miał miejsce na górze Ebal... ale ukończyli oni tę wzniosłą sprawę dopiero poprzez wygnanie i rozproszenie"[114].

Nie bez powodu wygnanie jest konieczne, aby dokończyć naprawę Żydów, a następnie naprawę całego świata. Powiedzieliśmy wcześniej, że kiedy Abraham ofiarował metodę naprawy swoim pobratymcom Babilończykom, odrzucili ją, ponieważ byli zbyt zajęci dogadzaniem sobie i zbyt egoistyczni. A jednak, jeśli wszyscy jesteśmy częścią jednej zbiorowej duszy, jak wskazywał ARI, ostatecznie *wszyscy* będziemy musieli osiągnąć naprawę, dzięki której odkryjemy Stwórcę i staniemy się podobni do Niego. Jest to dobrodziejstwo, opisane w Rozdziale 2, które zamierzał On dać całej ludzkości.

Tak więc naprawa czasów Abrahama była jedynie początkiem tego procesu, a na pewno nie jego końcem. W długim i rozbudowanym eseju zatytułowanym „I zbudowali oni miasta-spichlerze" Baal HaSulam pisze: „Musimy również zrozumieć, o co pytał Abraham Patriarcha: 'Skąd będę wiedział, że go odziedziczę?' (Rdz 15,8). Co odpowiedział na to Stwórca? Jest napisane: 'I rzekł do Abrama: Wiedz na pewno, że twoje nasienie będzie obcym w kraju, który nie będzie ich'"[115]. Baal HaSulam wyjaśnia, że tą odpowiedzią Stwórca obiecuje Abrahamowi, iż wszyscy ludzie osiągną naprawę poprzez zmieszanie narodu naprawionego – Izraela – z narodami nie naprawionymi, w tym przypadku reprezentowanymi przez Egipt.

Nieoczekiwanie w odpowiedzi na jego pytanie Stwórca obiecuje Abrahamowi wygnanie. I nie tylko to, jak pisze Baal HaSulam: „Abraham... przyjął to jako gwarancję dziedziczenia ziemi"[116]. W rzeczy samej Abraham wiedział, że pomieszanie pragnień - reprezentowane przez różne narody świata - było konieczne, aby dopełniła się naprawa ludzkości. Biorąc pod uwagę, że każdy z narodów reprezentuje część duszy Adama, koniecznym jest, aby każdej części duszy została przedstawiona metoda naprawy i aby każda część duszy ostatecznie ją przyjęła. Dlatego to Izrael musiał zostać zesłany na wygnanie po całym świecie.

W ramach ekspansji procesu naprawy ludzkości, Abraham poszedł na wygnanie do Egiptu, gdzie jego plemię rozrosło się do wielkości narodu. A kiedy naród izraelski został zesłany po zniszczeniu Pierwszej i Drugiej Świątyni, wprowadził metodę naprawy na cały świat.

Chociaż metoda ta nie została przyjęta przez resztę ludzkości, to jednak zaszczepiła ona zasady, o których już wspomnieliśmy wcześniej, zasady, które stanowią wspólną podstawę do rozpoczęcia procesu naprawy, kiedy tylko ludzie zaczną jej poszukiwać.

W „Arwut" (Wzajemne poręczenie) Baal HaSulam szczegółowo opisuje proces, dzięki któremu naród izraelski naprawia się jako pierwszy, tak aby przekazać naprawę pozostałym narodom. Według jego słów „Rabbi Elazar, syn Raszbi (rabin Szymon Bar-Jochai), jeszcze dalej wyjaśnia tę ideę zwaną *Arwut*. Nie wystarczy, iż cały Izrael jest odpowiedzialny za siebie nawzajem, gdyż cały świat jest włączony w ten *Arwut*. [...] Wszyscy przyznają, że we wstępnej fazie naprawy świata wystarczy zacząć od jednego narodu w kwestii przestrzegania Tory (prawa obdarzania). Nie można było rozpocząć jednocześnie od wszystkich narodów, ponieważ powiedziano, iż Stwórca poszedł z Torą do każdego narodu i języka, a oni nie chcieli jej przyjąć. Innymi słowy, byli zanurzeni w... miłości własnej... aż nie było możliwe w tamtych czasach, aby chociaż zapytać, czy zgodziliby się odstąpić od miłości własnej.

...Lecz koniec naprawy świata nastąpi tylko poprzez sprowadzenie wszystkich ludzi na świecie pod Jego działanie, jak napisano: ,A Pan będzie Królem nad całą ziemią; w tym dniu Pan będzie Jeden i Jego imię będzie jedno' (Zachariasz, 14:9)... ,I wszystkie narody napłyną do niego' (Izajasza 2:2).

Ale rola Izraela wobec reszty świata przypomina rolę naszych Świętych Ojców wobec narodu izraelskiego. Tak jak sprawiedliwość naszych ojców pomogła nam rozwinąć się i oczyścić, aby stać się godnymi otrzymania Tory (prawa obdarzania)... to właśnie naród izraelski ma za zadanie przygotowanie siebie oraz wszystkich narodów świata poprzez Torę i Micwy (naprawy egoizmu), aby rozwijać się, dopóki nie przyjmą na siebie tego podniosłego dzieła miłości bliźniego, które jest drabiną dla celu Stworzenia, będącego stanem *Dwekut* (podobieństwo/równoważność formy) z Nim"[117].

Podobnie w swoim eseju „Służebnica, która jest spadkobierczynią swojej pani" Baal HaSulam pisze: „Naród Izraela, który został wybrany jako wykonawca celu ogólnego i naprawy... zawiera w sobie przygotowanie potrzebne do wzrostu i rozwoju, aż nie poruszy także narodów świata, aby osiągnąć wspólny cel"[118].

Baal HaSulam i jego syn Rabasz być może byli ostatnimi Kabalistami, którzy twierdzili, że rolą Izraela w świecie jest przekazanie metody naprawy reszcie narodów, ale z pewnością nie byli pierwszymi. Niezliczeni rabini, kabaliści i uczeni niemal do czasów upadku Drugiej Świątyni twierdzili podobnie.

Tak więc *Midrasz Raba* stwierdza, że: „Izrael przynosi światu światło"[119], a Talmud Babiloński dodaje: „Stwórca działał ze sprawiedliwością wobec Izraela, rozpraszając ich pośród narodów"[120]. Rabin Jehuda Altar, ADMOR z Gur napisał: „Każde wygnanie, na które idą dzieci Izraela, jest tylko po to, aby wydobyć święte iskry w narodach (co jest podobne do przytoczonych wyżej słów Baala HaSulama). Dzieci Izraela są poręczycielami w tym, że otrzymali Torę, aby naprawić cały świat, a więc także wszystkie narody"[121].

Podobnie rabbin Hillel Caitlin pisze: „Jeśli Izrael jest jedynym prawdziwym odkupicielem całego świata, musi być zdolny do takiego odkupienia. Izrael musi najpierw zbawić swoją duszę, świętość swojej duszy, świętość swej *Szchiny* (Boskości). [...] W tym celu pragnę ustanowić w tej książce 'jedność Izraela'... Jeśli zostanie ustanowiona, zjednoczenie jednostek będzie miało na celu wewnętrzne wniebowstąpienie i wezwanie do naprawy wszystkich bolączek narodu i całego świata"[122].

Chciałbym zakończyć ten rozdział jeszcze kilkoma słowami Baala HaSulama, który w kilku akapitach opisuje cel stworzenia, a także rolę Izraela w jego osiągnięciu. Według jego słów: „Dlaczego Tora została przekazana narodowi izraelskiemu bez udziału wszystkich narodów świata? W rzeczywistości cel stworzenia odnosi się do całej ludzkości i nie wyklucza nikogo. Jednakże z powodu niskiego poziomu natury stworzenia (egoistycznego) i jego władzy nad ludźmi, ludzie nie mogli zrozumieć go, określić i zgodzić się wznieść się ponad nim. Nie ujawnili swojego pragnienia porzucenia miłości własnej i dojścia do równoważności formy, która jest przylgnięciem do Jego właściwości, tak jak mawiali nasi mędrcy: 'Tak jak On jest miłosierny, bądźcie także miłosierni'.

Tak więc ze względu na zasługę ich przodków [przykłady ustanowione przez Abrahama, Izaaka i Jakuba], Izraelowi udało się to... i stał się godny, i umieścił się na szali zasług (naprawił się, aby stać się takim jak Stwórca). Każdy członek narodu zgodził się kochać swojego bliźniego [w ten sposób dokonali oni naprawy].

...Jednakże naród izraelski miał być 'przejściem', co oznacza, że do takiego stopnia, w jakim Izrael oczyszcza się, zachowując Torę (prawa obdarzania), przekazuje swoją siłę pozostałym narodom. A kiedy pozostałe narody również umieszczą się na szali zasług (naprawiając się poprzez porzucenie egoizmu), Mesjasz (ostateczna naprawa) zostanie objawiony. Dzieje się tak, ponieważ rola Mesjasza polega nie tylko na uczynieniu Izraela zdolnym do osiągnięcia ostatecznego celu, jakim jest przylgnięcie do Niego, ale także do nauczania dróg Bożych (obdarzania) wszystkie narody, jak napisano: ‚I wszystkie narody napłyną ku Niemu'"[123].

ROZDZIAŁ 5
Pariasowie

Korzenie antysemityzmu

W całej historii świata nigdy nie było narodu, który byłby bardziej prześladowany niż Żydzi. Na przestrzeni dziejów nigdy nie było narodu, który przetrwawszy każde prześladowanie, za każdym razem stawał się coraz silniejszy.

Widoczna niezniszczalność Żydów wzbudzała wiele pytań, aczkolwiek bardziej wśród nie-Żydów niż pośród samych Żydów, ponieważ Żydzi byli zbyt zajęci samym przetrwaniem. Znany niemiecki pisarz Johann Wolfgang von Goethe wyraził swoje zdumienie nad wytrwałością Żydów w swojej książce *Wilhelm Meisters Lehrjahre* (Lata nauki Wilhelma Meistra): „Każdy Żyd, bez względu na to, jak mało znaczący, jest zaangażowany w definitywne i natychmiastowe dążenie do celu... To najbardziej trwały naród na ziemi"[124].

Podobnie jak Goethe, profesor Uniwersytetu Cambridge T.R. Gloger podkreśla zagadkę żydowskiej egzystencji w *The Ancient World* (Starożytny Świat): „Żaden pradawny lud nie miał dziwniejszej historii niż Żydzi. ...Historia żadnego innego starożytnego ludu nie byłaby tak cenna, jeśli tylko moglibyśmy ją odzyskać i zrozumieć. ...Co jeszcze dziwniejsze, starożytna religia Żydów przetrwała, podczas gdy zniknęły wszystkie inne religie przedchrześcijańskie... Ważną kwestią jest tutaj nie to 'Co się stało?', ale 'Dlaczego to się stało?', Dlaczego judaizm wciąż żyje?"[125].

Podobnie Ernest van den Haag, profesor jurysprudencji i polityki publicznej na Uniwersytecie Fordham, napisał: „W świecie, w którym Żydzi stanowią zaledwie niewielki procent populacji, jaka jest tajemnica nieproporcjonalnego znaczenia, jakie Żydzi mieli w całej historii kultury Zachodu?"[126].

Francuski matematyk, fizyk, wynalazca i filozof Blaise Pascal był zafascynowany starożytnością narodu żydowskiego. W swojej książce *Pensees* pisał: „Naród ten nie jest wybitny wyłącznie ze względu na swoją starożytność, ale jest także szczególny przez wzgląd na swoją trwałość, od jego początków aż do dnia dzisiejszego. Podczas gdy narody starożytnej Grecji i Włoch, Lacedemon, Aten i Rzymu i inni, którzy przyszli długo po nich, już dawno wyginęli, oni jednak trwają i pomimo starań wielu potężnych królów, którzy po stokroć próbowali ich zniszczyć, ...oni mimo wszystko zostali zachowani"[127].

Rzeczywiście, jak zauważyli niezliczeni wielcy w ciągu wieków, Żydzi nie mogą zostać zgładzeni. Żydzi mają misję do spełnienia, a dopóki tak się nie stanie, Natura, Bóg, Stwórca, Jahwe lub jakkolwiek chcecie Go nazywać, nie dopuści do tego. Niemniej jednak tak długo, jak Żydzi nadal będą unikać przyjmowania swoich zamierzonych zadań, z pewnością mogą być, byli i będą torturowani i zabijani *niemal* do punktu całkowitego unicestwienia. Aby odkryć korzenie żydowskiej *Via Dolorosa* w okresie całej historii, musimy cofnąć się w czasie do początku Stworzenia.

W rozdziale drugim zauważyliśmy, iż Stwórca ma tylko jedno pragnienie - czynienia dobra Swoim stworzeniom, a mianowicie ludziom. Ale ponieważ obecnie nie mamy zdolności postrzegania Go, nie możemy także otrzymywać od Niego.

Kiedy chcemy dać prezent przyjacielowi, podchodzimy do niego i dajemy go. Musi wtedy istnieć pewien kontakt pomiędzy dającym a odbiorcą. Właśnie dlatego, aby On nam mógł dać, Stwórca i Stworzenie muszą się połączyć. A po połączeniu, jak zacytowaliśmy Baala HaSulama: „Czuje się cudowne dobrodziejstwo zawarte w Zamyśle Stworzenia, którym jest przynieść rozkosz Swoim stworzeniom w Swojej pełnej, dobrej i wspaniałomyślnej ręce. Z powodu obfitości dobrodziejstw, które człowiek osiąga, pojawia się wtedy cudowna miłość pomiędzy człowiekiem i Stwórcą, bezustannie obdarzając go drogami i kanałami, przez które pojawia się naturalna miłość. Jednak wszystko to przychodzi do człowieka od momentu, w którym osiąga on objawienie i dalej"[128].

To, jak powiedzieliśmy w rozdziale drugim, budzi potrzebę „równoważności formy", to znaczy by być podobnym do Stwórcy, posiadającego naturę obdarzania. Niestety, ogromna większość z nas nie ma na to ochoty. Czujemy wielką odrazę do dawania, chyba że mamy w tym jakiś zasadniczy zysk, ukrytą motywację, aby to robić. RASZI, wielki komentator Biblii, napisał, iż werset: „Skłonność serca człowieka jest zła od jego młodości" (Rdz 8,21) oznacza: „Jak tylko ktoś wyjdzie z łona matki, [Stwórca] umieszcza w nim złą skłonność", która, jak powiedziano w rozdziale trzecim, jest egoizmem, czyli pragnieniem otrzymania dla samego siebie.

Dlatego, biorąc pod uwagę to, iż Stwórca jest życzliwy i że my jesteśmy Jego przeciwieństwem, kolizja człowieka z Bogiem wydaje się być nieunikniona. W jaki sposób możemy kiedykolwiek Go osiągnąć, jeśli On uczynił nas z natury przeciwnymi do Siebie? Lekarstwo na egotyzm zawarte jest w tym, co wcześniej określiliśmy jako „punkt w sercu". To pragnienie zrozumienia tego, czym jest życie i co sprawia, że świat się kręci (a nie jest to pieniądz), jest tęsknotą, która umożliwiła Adamowi, Abrahamowi i jego potomstwu, Mojżeszowi i całemu narodowi, który wyszedł od pariasów Babilonu, opracowanie metody naprawy, która zamienia złą skłonność w dobro.

Symbole wewnętrznego konfliktu

Można się spierać w kwestii, czy Biblia, Stary Testament, jest prawdziwą historyczną dokumentacją wydarzeń. Niemniej wielcy mędrcy Izraela przez wieki nie przejawiali żadnego zainteresowania historycznym znaczeniem Biblii. Przeciwnie, postrzegali ją jako alegorię, która symbolizuje wewnętrzne, duchowe procesy, których doświadcza się na ścieżce naprawy. Dla nich Nimrod, król Babilonu, uosabia to, co określa się jako *meridah* (hebr. bunt), opór przeciwko właściwości obdarzania, wobec Stwórcy. Faraon uosabia złą skłonność, podobnie Haman, chociaż na późniejszym etapie rozwoju duchowego.

Dlatego RASZI interpretuje Talmud Babiloński w następujący sposób: „Jego imię było Nimrod, gdyż on 'himrid' (podżegał) cały świat przeciwko Panu"[129].

Jeśli chodzi o faraona, Maimonides wyjaśnia to w sposób pełen uczucia: „Powinieneś wiedzieć, mój synu, iż faraon, król Egiptu, jest w istocie złą skłonnością"[130]. Podobnie Elimelech z Leżajska, autor „Noam Elimelech" (Przyjemność Elimelecha), napisał po prostu: „...Faraon, który zwany jest 'złą skłonnością'"[131].

Rabin Jacob Joseph Katz dodał głębi w rozróżnieniu dotyczącym faraona. Wyjaśnił, że słowa: „Faraon pozwolił ludowi odejść" (Wj 13,17) oznaczają etap w rozwoju duchowym, kiedy człowiek uwalnia się od ciężkich kajdan złej skłonności. Wedle jego słów: „„A kiedy faraon pozwolił ludziom odejść' – to kiedy organy człowieka wychodzą spod władzy złej skłonności, tak jak podczas wyjścia z Egiptu, one wyszły z czterdziestu dziewięciu bram *Tuma'a* (nieczystości, egotyzmu) w stronę świętości (obdarzania)"[132].

W tej samej książce rabin Katz dzieli się swoimi spostrzeżeniami odnośnie Hamana: „Polecenie Hamana, aby wykonać szubienicę na pięćdziesiąt łokci wysoką, jest radą złej skłonności"[133]. Podobnie rabin Jonathan Eibshitz pisze w swojej książce *Jaarot Dewasz* (Plastry miodu): „Haman, który jest złą skłonnością..."[134].

Później kabaliści i żydowscy uczeni zaczęli odczuwać, iż czas stał się istotny i że zbliża się Wiek Naprawy. Do swoich słów zaczęli oni dodawać ukryte, a czasem już wyraźne wezwania do działania. Tak więc Raw Jehuda Aszlag, wyczuwając, iż zastosowanie metody naprawy jest pilnie potrzebne, wykazał bezpośredni związek pomiędzy przezwyciężaniem złej skłonności a sposobem, w jaki to musi zostać osiągnięte współcześnie – poprzez jedność. W eseju zatytułowanym „Istnieje pewien naród" Baal HaSulam mówi: „Istnieje pewien naród rozsiany i rozproszony pomiędzy innymi narodami. Haman powiedział: 'My [ludzie Hamana] zdołamy zniszczyć Żydów, ponieważ oni są oddzieleni od siebie, więc nasza siła przeciwko nim na pewno zwycięży, ponieważ to [oddzielenie między nimi] powoduje rozdzielenie pomiędzy człowiekiem a Bogiem'"[135]. Oznacza to, że egoizm Żydów oddziela ich od właściwości obdarzania, Stwórcy, stąd siła ego, złej skłonności „na pewno zwycięży". „Dlatego też", kontynuuje Baal HaSulam, „Mordechaj poszedł naprawić tę przypadłość, jak opisano w wersie 'Żydzi zebrali się... ', aby się oni zebrali razem i bronili swojego życia. Oznacza to, iż uratowali się poprzez połączenie"[136].

Możemy zatem stwierdzić, że taka kwestia, czy Nimrod, faraon, Balak, Balaam, czy Haman rzeczywiście istnieli czy też nie, ma zdecydowanie mniejsze znaczenie. Ważne *jest* to, że *cechy* przedstawiane przez te postacie istnieją w nas, a Biblia jedynie alegorycznie przedstawia kolejne etapy, poprzez które możemy je przezwyciężyć.

Kiedy przezwyciężamy w nas te cechy egotyzmu, jesteśmy nagradzani zbawieniem - właściwością obdarzania, równoważnością formy ze Stwórcą. A ponieważ Stwórca pragnie czynić nam dobro, kiedy już naprawimy te cechy w nas, nie będą one już więcej nas prześladować, ponieważ zostaliśmy wyrwani z uścisku egoizmu i zdobyliśmy właściwość obdarzania.

Jeśli którykolwiek z powyższych przykładów egotyzmu byłby obecny dzisiaj, to my na pewno moglibyśmy je sklasyfikować jako antysemitów najgorszego rodzaju. W tym względzie Raw Kook poczynił ponure (lecz prawdziwe) konkluzje podczas nakreślania bezpośredniego związku pomiędzy współczesnymi antysemitami a tymi biblijnymi. W dość niekonwencjonalnym oświadczeniu on pisze: „Amalek, Petlura (ukraiński przywódca podejrzewany o antysemityzm), Hitler i tak dalej budzą się do odkupienia. Ten, kto nie słyszał głosu pierwszego *Szofaru* (symbol wezwania do odkupienia) czy też głosu drugiego... ponieważ jego uszy były zatkane, usłyszy głos nieczystego *Szofaru*, obrzydliwego (niekoszernego). Usłyszy go wbrew swojej woli"[137].

Dwie drogi – jedna szczęśliwa, a druga bolesna

Stan całkowitego odkupienia - osiągnięcia Stwórcy przez całą ludzkość, jest obowiązkowy. Baal HaSulam mówi, że istnieją dwa sposoby, dzięki którym możemy to osiągnąć: drogą Tory, kiedy dobrowolnie przyjmujemy prawo obdarzania jako nasz sposób życia, albo drogą cierpienia, w której rzeczywistość zmusza nas do przyjęcia Prawa Obdarzania jako naszego sposobu życia[138].

Chociaż słowa tych dwóch współczesnych mędrców może brzmią nakazowo, ale opierają się one na solidnej podstawie. Talmud mówi: „Rabbi Eliezer mówi: 'Jeśli Izrael okaże skruchę, będzie odkupiony. Jeśli nie, to nie dozna odkupienia'. Rabbi Jehoszua odpowiedział jemu: 'Jeśli nie okażą skruchy, nie dostąpią odkupienia, a Pan ustanowi nad nimi króla, którego dekrety będą tak surowe jak dekrety Hamana, [wtedy] Izrael okaże skruchę i On ich naprawi'"[139].

Nawet ta doniosła chwila u podnóża góry Synaj, kiedy wspólnie otrzymaliśmy Torę w tym spektakularnym audiowizualnym pokazie, najwyraźniej nie była tak radosna oraz uroczysta, jak zostało to opisane. Talmud mówi nam, że okoliczności były takie, że nie mogliśmy zrobić nic innego, niż ją otrzymać. W dzisiejszej terminologii powiedzielibyśmy, że Stwórca dał nam ofertę nie do odrzucenia: „Jest napisane: 'I stanęli u podnóża góry'. Raw Dimi Bar Hama powiedział, że oznacza to, iż Pan narzucił górę Izraelowi niby kryptę i rzekł do nich: 'Jeśli przyjmiecie Torę (Prawo Obdarzenia) - bardzo dobrze, jeśli nie, to będzie to wasz grobowiec'"[140].

Rzeczywiście, nikt nie powiedział, iż łatwo jest o pierworództwo. Ale Żydzi, potomkowie rodu Abrahama, są tymi. Byli pierwszymi, którzy osiągnęli cel stworzenia; stąd naturalnym jest, iż do nich należy wskazywać drogę reszcie ludzkości. Tak długo, jak będziemy unikać tego zadania, napotkamy odrzucenie przez wszystkie narody świata.

Światowi medycy

Wyobraź sobie, iż odkryłeś serię ćwiczeń, które leczą raka i zapobiegają jego nawrotowi. Wyobraź sobie, że opowiedziałeś o tym światu, tak jak zrobił to Abraham w Babilonie, ale zostałeś zignorowany, ponieważ ćwiczenia były monotonne i męczące, a poza tym nikt nie czuł się źle.

Teraz wyobraź sobie, że lata później miliardy ludzi na całym świecie cierpi na nowotwory. Jak przez mgłę pamiętają, iż mówiłeś, że posiadasz lekarstwo, i w swoim zdesperowaniu zwracają się do ciebie, błagając, abyś uratował ich życie. Ale ty zupełnie zapomniałeś o wszystkim. Wiesz, że takie lekarstwo istnieje, wiesz także, że wiele osób uważało, iż jest to silny środek (*Segula*), ale skoro sam czujesz się silny i zdrowy, nie widzisz powodu, dla którego powinieneś ponownie zająć się tymi ćwiczeniami, nie mówiąc już o nauczaniu ich miliardów ludzi na świecie. Możesz sobie wyobrazić, co świat myślałby wtedy o tobie, co pomyśleliby wtedy ludzi, co by zrobili?

Dokładnie takie jest miejsce, gdzie my, Żydzi, stoimy w relacji do całego świata. Świat zaczyna czuć się źle, a ludzie zaczynają szukać drogi wyjścia z ich trudnej sytuacji. Wiedzą, iż jesteśmy narodem wybranym i że to my mamy przynieść światu odkupienie. Ludzie mogą nie wiedzieć, iż to odkupienie oznacza zmianę ich natury na naturę obdarzania, ale wiedzą z pewnością, iż odkupienie to jest pożądane.

Takie wersety z Nowego Testamentu jak: „Czcicie to, czego nie znacie; my czcimy to, co znamy, ponieważ zbawienie pochodzi od Żydów"[141] oraz „Jaką zaletę ma Żyd? ...Wielką pod każdym względem. Przede wszystkim zostały im powierzone wyrocznie Boże"[142] – to tylko dwa z niezliczonych cytatów na temat wyjątkowej pozycji i roli Żydów, jak przedstawiono to w pismach chrześcijańskich. Kiedy nie realizujemy naszego zadania, w sposób niezamierzony ściągamy na siebie złość i nienawiść, która przekłada się na to, co obecnie uważa się za antysemityzm.

To, że jesteśmy inni i niepowtarzalni, jest udokumentowane w historii na stronach naszych świętych tekstów, w pismach chrześcijaństwa oraz islamu, a także w pismach niezliczonych uczonych i mężów stanu. Poniżej przedstawiono kilka z licznych fragmentów wypowiedzi znanych osób, wyrażających swoje poglądy na temat wyjątkowości Żydów.

Winston Churchill, premier Wielkiej Brytanii w czasie II wojny światowej: „Niektórzy ludzie lubią Żydów, a niektórzy nie. Ale żaden myślący człowiek nie może zaprzeczyć, że są oni, poza jakąkolwiek wątpliwość, najpotężniejszym i najbardziej niezwykłym narodem, jaki pojawił się na świecie"[143].

Lyman Abbott, teolog amerykański, redaktor, a także pisarz: „Kiedy czasem nasze własne, niechrześcijańskie uprzedzenia wybuchają płomieniem przeciw ludności żydowskiej, pamiętajmy wtedy, że wszystko, co mamy, i wszystko, czym jesteśmy w obliczu Boga, zawdzięczamy judaizmowi"[144].

Huston Smith, profesor nauk religijnych w Stanach Zjednoczonych, autor książki „Religie świata", która sprzedała się w ponad dwóch milionach egzemplarzy: „Istnieje niezwykła rzecz, która jest obecna w całej historii Żydów. Zachodnia cywilizacja narodziła się na Bliskim Wschodzie, gdzie przebywali Żydzi. W okresie rozkwitu Rzymu Żydzi znajdowali się blisko centrum Imperium. Kiedy władza przesunęła się na wschód, centrum żydowskie było w Babilonie. Kiedy silna stała się Hiszpania, tam też byli Żydzi. Kiedy w średniowieczu ośrodek cywilizacji przeniósł się do Europy Środkowej, Żydzi już czekali na niego w Niemczech i Polsce. Wzrost znaczenia Stanów Zjednoczonych do rangi wiodącego światowego mocarstwa zbiegł się z pojawieniem się tam judaizmu. A obecnie, kiedy wahadło wydaje się ponownie kołysać w stronę Starego Świata, a Wschód ponownie nabiera znaczenia, tam znów są Żydzi, w Izraelu..."[145].

Lew Tołstoj, rosyjski pisarz i autor „Anny Kareniny": „Kim jest Żyd?... Jakiego rodzaju jest to unikalne stworzenie, które wszyscy władcy wszystkich narodów świata hańbili, gnietli i wydalali, niszczyli, prześladowali, palili i topili, a które to, mimo ich złości oraz wściekłości, żyje nadal i nieustannie się rozwija. Kim jest ten Żyd, którego nigdy nie udało im się skusić wszystkimi pokusami świata, którego prześladowcy jedynie sugerowali, aby wyrzekł się (i wyparł) swojej religii i odrzucił wierność swoim przodkom?!

Żyd jest symbolem wieczności. ...On jest tym, który tak długo strzegł proroczego posłania i przekazywał je całej ludzkości. Naród taki jak ten nigdy nie zginie. Żyd jest wieczny. On jest ucieleśnieniem wieczności"[146].

Rzeczywiście, *jesteśmy* symbolem wieczności, jak powiedział Tołstoj, ponieważ boska cecha życzliwości istnieje w naszych „duchowych genach". A jednak nie pozostawi się nas w spokoju, aż - tak jak w przykładzie z nowotworem i postępowaniami leczniczymi - świadomie nie podniesiemy się do poziomu duchowego, a następnie nie pociągniemy za sobą całej ludzkości.

Jak zostało stwierdzone powyżej, nadszedł teraz czas ogólnej naprawy. W takim czasie wydarzenia nabierają rangi ogólnoświatowej, globalnej. Tak było w przypadku I wojny światowej, a jeszcze bardziej podczas II wojny światowej, której okrucieństwa są osadzone w naszej zbiorowej pamięci, aby przypominać nam, kim jesteśmy i co mamy osiągnąć.

Aby uniknąć takich kataklizmów w przyszłości, musimy przyjrzeć się bliżej niektórym sugestiom i wypowiedziom, które poczyniono przed i po Holokauście. Następny rozdział przedstawi i uwypukli te wypowiedzi oraz ich znaczenia dla naszego obecnego życia. Kiedy już dowiemy się, co zostało powiedziane, będziemy w stanie w pełni docenić to, co należy zrobić, aby pomóc sobie i całemu światu.

ROZDZIAŁ 6
Zbędni

Współczesny antysemityzm

W rozdziale pierwszym powiedzieliśmy, że Abraham odkrył, iż egotyzm natury ludzkiej nieustannie ulega powiększaniu. Opracowana przez niego metoda nie miała na celu powstrzymania egoizmu, ponieważ wiedział, że jest to niemożliwe, gdyż człowiek został stworzony do bezgranicznego otrzymywania. Jego jedynym pytaniem było zatem, w jaki sposób można otrzymać tę zamierzoną nagrodę. Abraham odkrył metodę, dzięki której, studiując i dążąc do zjednoczenia, ludzie osiągnęli nowy poziom percepcji. Wtedy to uzyskali naturę Stwórcy – dobrodziejstwa - i dlatego mogli otrzymać tę bezgraniczną przyjemność, nie stając się zbytnio folgującymi sobie i niebezpiecznymi dla siebie lub dla otoczenia.

Wyjście z Egiptu i powstanie narodu izraelskiego oznaczały pięciowieczny etap tworzenia. W tym czasie Izrael przekształcił się od rozmiaru grupy, złożonej z rodziny i uczniów, do całego narodu, którego celem było osiągnięcie Stwórcy.

Próbując wznieść się na najwyższy poziom duchowy, Hebrajczycy nigdy nie wycofali się z pierwotnej intencji ofiarowania swojej percepcji całej ludzkości. Miał to być ich wkład w rozwój narodów, „światło", które mieli im dać. Poprzez pokolenia ten dar „światła" jest tym, co narody nieustannie próbowały przyjmować od Żydów, a którego brak był i ciągle jest przyczyną naszego ucisku ze strony narodów.

W prologu do swojej książki „Historia Żydów" chrześcijański historyk i powieściopisarz Paul Johnson wymownie opisuje pytania, które doprowadziły Abrahama do swoich odkryć, te same pytania, które napędzają ludzkość do dnia dzisiejszego. Johnson ukazuje swój szacunek dla zdolności Żydów do odkrywania odpowiedzi na te pytania, życia zgodnie z wynikającymi z nich prawami oraz dla ich wysiłków, aby nauczać ich innych ludzi. Według jego słów: „Książka dała mi możliwość obiektywnego przemyślenia w świetle badań, obejmujących prawie 4000 lat, najtrudniejszych ze wszystkich pytań ludzkości: 'Po co jesteśmy obecni na ziemi? Czy historia jest jedynie serią wydarzeń, których suma nie ma żadnego znaczenia? Czy nie ma żadnej zasadniczej moralnej różnicy pomiędzy historią ludzkości a historią - na przykład - mrówek? Czy może istnieje jakiś opatrznościowy plan, którego jesteśmy, w jakkolwiek pokornej formie, jedynie wykonawcami?' Nikt nigdy nie nalegał bardziej niż Żydzi, iż historia ma swój cel, a ludzkość swoje przeznaczenie. Na bardzo wczesnym etapie ich wspólnego istnienia wierzyli oni, iż odkryli boski plan dla rodzaju ludzkiego, dla którego mieli się stać przewodnikiem jako cały naród. Wypracowali oni w nim swoją rolę w najmniejszych szczegółach. Trzymali się tego z bohaterską wytrwałością w obliczu niewyobrażalnego cierpienia. Wielu z nich wciąż w to wierzy. Inni zaś przekształcili plan ten w różnorodne prometejskie przedsięwzięcia w celu podniesienia naszego stanu za pomocą czysto ludzkich środków. Żydowska wizja stała się prototypem dla wielu podobnych wielkich projektów ludzkości, zarówno boskich, jak i stworzonych przez człowieka. Żydzi znajdują się zatem w samym centrum odwiecznych wysiłków nadania ludzkiemu życiu godnego celu"[147].

Napis na ścianie

A jednak do czasów początku XX wieku Żydzi odeszli tak daleko od swego powołania, że w znacznym stopniu stali się albo całkowicie zajęci drobiazgowym przestrzeganiem praktycznych przykazań, zapominając lub odrzucając ich wewnętrzne znaczenie, lub byli też całkowicie pochłonięci przez światowe, materialne pragnienia, odrzucając swoje nieodwołalne powołanie. W czasie, kiedy egotyzm przybrał poziom, który zagrażał już pokojowi na świecie, żadna z powyższych dróg nie była pożądana, a niektórzy z wielkich duchowych przywódców narodu zaczęli ostrzegać, iż nadszedł najwyższy czas, abyśmy ponownie przebudzili się do naszej misji i wykonali ją, zanim rozwinie się światowa katastrofa.

Wielki humanista i Kabalista Raw Abraham Izaak Ha-Kohen Kook desperacko próbował przestrzec Żydów przed rosnącym antysemityzmem. Ostrzegał ich, że żaden kraj nie będzie dla nich bezpieczny i że Izrael będzie jedyną bezpieczną opcją. Z perspektywy czasu treść jego przeczucia jest zatrważająca, dając nam wgląd w głębię mądrości takich ludzi.

Traktat, w którym prosił on Żydów, aby powrócili do Izraela, nazywa się „Wielkie wezwanie dla ziemi Izraela". Proszę zwrócić uwagę nie tylko na jego prośbę, ale także na ostrzeżenie dotyczące możliwej przyszłości Żydów w ich przybranych ojczyznach:

„Przybądźcie do ziemi Izraela, mili bracia, przybądźcie do ziemi Izraela. Ratujcie wasze dusze, dusze waszych pokoleń i duszę całego naszego narodu. Ocalcie ją od spustoszenia i zapomnienia, ocalcie ją przed rozpadem i degradacją, zachowajcie ją od wszelkiej nieczystości i niegodziwości, od wszelkich kłopotów i trudnych sytuacji, które mogą się jej wydarzyć we wszystkich krajach narodów bez żadnego wyjątku.

'Przybądźcie do ziemi Izraela!' Zawołamy głośnym i przerażającym głosem, głosem grzmotu, głosem potężnym, głosem, który burzy i trzęsie niebem i ziemią, głosem, który burzy każdy mur w sercu. Ratujcie się i przybywajcie do ziemi Izraela. Głos Pana wzywa nas, Jego ręka jest wyciągnięta do nas, Jego duch jest w naszych sercach, a On sam gromadzi nas, zachęca nas i zmusza nas wszystkich, abyśmy głośno wołali głosem straszliwym i potężnym: 'Bracia nasi, synowie Izraela, drodzy umiłowani bracia, przybywajcie do ziemi Izraela. Zbierzcie się jeden po drugim, nie czekajcie na oficjalne słowa i rozkazy; nie czekajcie na pozwolenie od tych, co są sławni. Róbcie, co możecie, uciekajcie i gromadźcie się, przybywajcie do ziemi Izraela. Utorujcie drogę dla naszego umiłowanego i uciskanego narodu. Pokażcie mu, że jego droga jest już wybrukowana i rozciągnięta przed nim. Nie może on spocząć, nie ma nic do żądania, nie ma dla niego wielu dróg. Jest przed nim jedna droga i jest nią ta, którą *ma* on przemaszerować - prosto do ziemi Izraela'"[148].

Raw Kook nie był odosobniony w swojej trosce o naród. W Polsce błyskotliwy młody *dajan* (sędzia ortodoksyjny) mieszkający w Warszawie - wówczas największej i najwybitniejszej społeczności żydowskiej w Europie - Raw Jehuda Aszlag, który później stał się znanym komentatorem *Księgi Zohar*, nie poprzestał na wezwaniu, aby wszyscy Żydzi uciekli z Europy. Zaaranżował zakup 300 drewnianych chat w Szwecji oraz miejsca, w którym zostałyby one postawione w ziemi Izraela (zwanym wówczas „Palestyna").

Niestety, jego plan został zniweczony przez opór przywódców żydowskiego zboru w Polsce. Tragiczną konsekwencją fiaska planu Aszlaga, aby zabrać ze sobą swoich rodaków, było to, iż ze wszystkich Żydów, którzy rozważali wyjazd z Aszlagiem, jedynie sam Aszlag i jego rodzina ostatecznie wyemigrowali. Pozostałe rodziny pozostały w Polsce i zginęły w Holokauście[149].

Zarówno Raw Kook, jak i Raw Aszlag (Baal HaSulam) wyrazili wprost, jak postrzegali oni dojście nazizmu do władzy, a zwłaszcza Hitlera. Należy pamiętać, że Raw Kook zmarł w roku 1935, cztery lata przed wybuchem II wojny światowej. Poniżej znajduje się edytowany tekst Rawa Kook'a (aby był bardziej zrozumiały dla czytelnika ze względu na długość całego tekstu i jego anachroniczny styl), a następnie słowa Baal HaSulam'a:

„Prorok przepowiedział wielki *Szofar* odkupienia. [Szofar to barani róg, używany do świątecznego trąbienia, ale także jako trąbka ostrzegawcza.] Modlimy się szczególnie w intencji dźwięku wielkiego Szofaru. W Szofarze odkupienia można wyróżnić kilka stopni - wielki Szofar, średni Szofar i mały Szofar. Szofar Mesjasza uważany jest za Szofar Rosz ha-Szana (hebrajski Sylwester). *Halacha* (Prawo żydowskie) rozróżnia trzy stopnie w Szofarze Rosz ha-Szana: 1) Szofar Rosz ha-Szana, który składa się z rogu barana; 2) W retrospekcji wszystkie Szofary są koszerne; 3) Szofar od nieczystego zwierzęcia, a także Szofar od bydlęcia kultu bożków niekoszernego poganina. Jednakże jeśli ktoś zadął w taki Szofar, wykonał swój obowiązek.

Dozwolonym jest zadęcie w jakikolwiek Szofar, koszerny lub nie, o ile nie zostanie pobłogosławiony, a stopnie wyjaśnione w prawie Szofaru Rosz ha-Szana pokrywają się ze stopniami Szofaru odkupienia.

Czym jest Szofar odkupienia? Określeniem „Szofar Mesjasza" odnosimy się do przebudzenia i siły, które powodują odrodzenie i odkupienie ludu Izraela. Właśnie to przebudzenie gromadzi zagubionych i odrzuconych i doprowadza ich na górę świętości w Jerozolimie.

Przez całe pokolenia byli w Izraelu tacy, którzy odczuwali przebudzenie, wynikające z pragnienia czynienia woli Bożej, które jest całkowitym odkupieniem Izraela (doprowadzającym cały Izrael do właściwości obdarzania). Jest wspaniały i wielki Szofar, pragnienie ludzi, aby zostać zbawionymi.

Czasami pragnienie to słabnie, a zapał do wzniosłych wyobrażeń świętości nie jest już tak żarliwy. Jednakże zdrowa ludzka natura pozostaje i wyzwala w narodzie proste pragnienie ustanowienia rządów na swojej ziemi. To naturalne pragnienie jest zwykłym, średnim Szofarem, które jest obecne wszędzie. Szofar ten jest wciąż koszerny.

Jednak istnieje trzeci stopień Szofaru Mesjasza, który jest jednak porównywalny do Szofaru Rosz ha-Szana: jest to mały, niekoszerny Szofar, który jest używany tylko wtedy, gdy nie można odnaleźć koszernego Szofaru.

Tak więc jeśli gorliwość świętości i tęsknota za odkupieniem, która pochodzi od niego, zniknęła i jeśli naturalne pragnienie życia w narodzie także się zmniejszyło, a nie znaleziono koszernego Szofaru, który mógłby zabrzmieć, *wrogowie Izraela nadchodzą i dmą w nasze uszy dla naszego odkupienia.* Zmuszają nas do wsłuchania się w głos *Szofaru*, ostrzegają i powodują hałas w naszych uszach, i nie dają nam odpoczynku na wygnaniu".

[Ta część cytowana jest w całości.] „Tak więc Szofar z plugawej bestii staje się Szofarem Mesjasza. Amalek, Petlura [przywódca ukraiński podejrzewany o antysemityzm], Hitler i tak dalej budzą się do odkupienia. Ten, kto nie słyszał głosu pierwszego Szofaru czy też głosu drugiego... bo jego uszy były zatkane, usłyszy głos nieczystego Szofaru, plugawego (niekoszernego). Usłyszy go wbrew swojej woli. [...] Chociaż w tym bacie znajduje się odkupienie, tak jak w niedoli Żydów, nie można błogosławić takiego Szofaru"[150].

Baal HaSulam również poczynił wiele odniesień do nazizmu, łącznie z tym, w jaki sposób – jak sądził - można go obalić. Według jego słów „Niemożliwym jest obalić nazizm inaczej, jak poprzez religię altruizmu"[151]. Zauważmy, że kiedy Baal HaSulam mówi o „religii altruizmu", nie ma na myśli tego, że powinniśmy wykonywać pewne rytuały lub przestrzegać określonych zachowań. Przeciwnie, przez „religię altruizmu" rozumie on, że człowiek *zmienił swą naturę* na altruistyczną. Wtedy to ludzie będą decydować o tym, czy pozostać przy swoich oficjalnych wyznaniach, niezależnie od tej przemiany.

Baal HaSulam kwestionuje również pogląd, że nazistowskie Niemcy były wydarzeniem jednorazowym w historii. Mogło być ono pierwszym, jednakże wierzył on, że jeśli nie będziemy robić tego, co musimy, wtedy nie będzie ostatnim. Pisze on: „Okazuje się, że ludzie błędnie sądzą, że nazizm jest tylko latoroślą Niemiec... wszystkie narody są w tym równe i absolutnie bezowocnym jest mieć nadzieję, iż naziści zginą wraz ze zwycięstwem Aliantów, gdyż niebawem to Anglosasi oddadzą się nazizmowi..."[152].

W świetle ostatniego wzrostu antysemityzmu na całym świecie mądrze byłoby poważnie potraktować słowa tych mędrców. Widać przecież wyraźnie, że antysemityzm nie zniknął, tak jak nie zniknął też nazizm ani nawoływania to tego, aby pozbyć się Żydów.

Czego potrzebują i co możemy dać

Na pierwszy rzut oka wydaje się, że świat okazuje niewdzięczność za zasługi Żydów na rzecz ludzkości w dziedzinie nauki, edukacji, gospodarki, socjologii, psychologii i praktycznie we wszystkich innych dziedzinach życia. Jednakże ta pozorna niewdzięczność powinna służyć jako wskazówka, że to, co dajemy, niekoniecznie jest tym, czego oni od nas potrzebują.

W rzeczywistości ludzie uznają wyjątkowość narodu żydowskiego, ale to my niewłaściwie używamy tej wyjątkowości, dając to, czego sami chcemy, zamiast tego, co chcą otrzymać narody.

Aby lepiej zrozumieć, czego świat od nas oczekuje, powinniśmy przyjrzeć się niektórym gorzkim słowom, napisanym na temat Żydów. Doskonałym przykładem takiego dokumentu jest niesławna książka Henry'ego Forda (założyciela firmy Ford Motor Company) pod tytułem: „Międzynarodowy Żyd: główny problem świata". Chociaż zawiera ona mnóstwo uogólnień, książka ta posiada pewne punkty, które warto tutaj rozważyć. W tym celu jednak musimy odłożyć na bok nasze oburzenie i prawdziwie przyjrzeć się argumentom Forda (podkreślenia czcionką pochyłą pochodzą od wydawcy): „Każdy Żyd powinien też wiedzieć, że w każdym chrześcijańskim kościele, gdzie przyjmuje się i bada starożytne proroctwa, ma miejsce wielkie przebudzenie zainteresowania przyszłością Starożytnego Narodu. Nie zapominamy, iż zostały im złożone pewne obietnice dotyczące ich pozycji na świecie i uważa się, że te proroctwa się spełnią. *Przyszłość Żydów... jest ściśle związana z przyszłością tej planety, a Kościół chrześcijański w dużej części... dostrzega Odnowę Narodu Wybranego, która dopiero nadejdzie.* Gdyby większość Żydów zdawała sobie sprawę z tego, z jakim zrozumieniem i współczuciem w Kościele są studiowane wszystkie dotyczące ich proroctwa, a także z wiarą, która jest obecna, iż te proroctwa spełnią się i że przyniosą *wielką żydowską posługę całemu społeczeństwu,* wtedy prawdopodobnie traktowaliby Kościół z innym nastawieniem"[153].

Wcześniej w swojej książce Ford pisze: „Całe prorocze zamierzenie w odniesieniu do Izraela wydaje się być moralnym oświeceniem świata poprzez swoje pośrednictwo"[154]. A w jeszcze innym miejscu dodaje: „Społeczeństwo ma poważne roszczenia wobec [Żydów], aby oni... zaczęli wypełniać [to], co w pewnym sensie ich wyjątkowość jeszcze nie pozwoliła im wypełnić

- starożytne proroctwo, iż poprzez nich wszystkie narody ziemi będą błogosławione"[155].

John Adams, drugi prezydent Stanów Zjednoczonych, również odniósł się w komentarzu do tego, co, jego zdaniem, Żydzi dali światu. Powiedział on: „Hebrajczycy zrobili więcej, aby ucywilizować ludzi, niż jakikolwiek inny naród. Gdybym był ateistą i wierzył w ślepe, odwieczne przeznaczenie, nadal wierzyłbym, iż to przeznaczenie namaściło Żydów, aby byli najważniejszym instrumentem cywilizowania narodów. Gdybym był ateistą innej szkoły, która wierzy lub udaje, że wierzy, iż wszystko jest nakazem przypadku, uwierzyłbym, że ten przypadek nakazał Żydom zachować i propagować całej ludzkości doktrynę najwyższego, inteligentnego, mądrego, wszechmocnego władcy wszechświata, którego uważam za wielką podstawową zasadę wszelkiej moralności, a w konsekwencji całej cywilizacji"[156].

Samuel Langhorne Clemens, bardziej znany pod pseudonimem Mark Twain, w rzeczy samej uznaje żydowską wybitność we wszystkich sferach ludzkiego działania, ale on także zastanawia się nad źródłem tego prymatu: „...Jeśli statystyki się nie mylą, Żydzi stanowią zaledwie jeden procent ludzkiej rasy. Przywodzi to na myśl mglisty obłok gwiezdnego pyłu, zagubiony w blasku Drogi Mlecznej. Właściwie prawie nikt nie powinien słyszeć o Żydach, ale słyszeliśmy o nich wielokrotnie i to od zawsze. Są oni tak samo widoczni na naszej planecie, jak każda inna nacja, a ich znaczenie handlowe jest nieproporcjonalnie duże w stosunku do rozmiarów ich liczebności. Ich wkład w światową listę wielkich nazwisk w dziedzinie literatury, nauki, sztuki, muzyki, finansów, medycyny i tajnych nauk jest również nieproporcjonalny do ich niskiej liczebności. Toczyli oni cudowną walkę na tym świecie, we wszystkich wiekach i czynili to z rękami związanymi za plecami. Mogą być dumni z siebie i będą w tym usprawiedliwieni.

Egipcjanie, Babilończycy i Persowie osiągali szczyty, wypełniali planetę dźwiękiem i blaskiem, po czym obracali się w senne jawy i odchodzili. Następnie przyszli Grecy oraz Rzymianie, narobili dużego hałasu i także zniknęli. Pojawiły się też inne narody, które dzierżyły wysoko pochodnię przez pewien czas, ale i ona się wypaliła i teraz tkwią w półmroku albo zniknęły na dobre. Żydzi widzieli ich wszystkich, pokonali ich wszystkich i są teraz tym, czym byli zawsze, nie wykazując śladów dekadencji, żadnych słabości swojego wieku, osłabienia jego członków, spowolnienia energii ani przytępienia jego czujnego i rzutkiego umysłu. Wszystkie rzeczy są śmiertelne z wyjątkiem Żyda; wszystkie inne siły przemijają, ale on pozostaje. Jaki jest sekret jego nieśmiertelności?[157].

I wreszcie, są też tacy, którzy nie tylko uznają wyjątkowość Żydów w sensie duchowym, bardziej niż fizycznym, ale nawet wyszczególniają istotę tej duchowości: jedność. Tak było w przypadku premiera Wielkiej Brytanii w czasie II wojny światowej Sir Winstona Churchilla. W książce „Churchill i Żydzi” jej autor Martin Gilbert cytuje Churchilla, który powiedział: „Żydzi byli szczęśliwą wspólnotą, ponieważ mieli tego zbiorowego ducha, ducha swojej rasy i wiary. [Churchill] nie (...) prosiłby ich, aby używali tego ducha w jakimkolwiek wąskim czy też klanowym znaczeniu, odcinając się od innych... z dala od ich nastroju i intencji, daleko od rad, które zostały im udzielone przez tych, którzy są najbardziej uprawnieni do tego, aby doradzać. Ta osobista i wyjątkowa siła, którą posiadali, umożliwiłaby im wprowadzenie witalności do swoich instytucji, a czego nie uczyniłoby nic innego. [Churchill szczerze wierzył, że] Żyd nie może być dobrym Anglikiem, jeśli nie jest zarazem dobrym Żydem"[158].

Możemy zatem zobaczyć, że to, czego narody chcą od Żydów, nie jest doskonałością w nauce, finansach ani żadnym innym wymiarze wspomnianym w cytatach powyżej. To, czego świat potrzebuje od nas, to *duchowość*, a mianowicie *umiejętność połączenia się ze Stwórcą*. Jest to jedyna rzecz, którą posiadaliśmy i której żaden inny naród nie ma, nie miał lub nie może mieć, dopóki nie rozpalimy jej ponownie w nas i nie przekażemy jako światło dla narodów. Dopóki powstrzymujemy się od wykonania tej misji, narody będą generalnie uważać nas za zbędnych, jeśli nie wręcz szkodliwych, a na pewno - jak stwierdził Ford – za „Główny problem świata".

W niełasce

Aby zademonstrować to, w jaki sposób świat może traktować nas jako zbytecznych, należy wziąć pod uwagę następujące fakty: W 1938 r. Adolf Hitler był gotów wysłać Żydów niemieckich i austriackich do tych wszystkich, którzy byli gotowi ich przyjąć. Nikt tego nie zrobił. Hitler oświadczył, że może on „tylko mieć nadzieję i oczekiwać, że inny świat, który przejawia tak głębokie współczucie dla tych przestępców [Żydów], będzie przynajmniej wystarczająco hojny, aby przekształcić to współczucie w praktyczną pomoc. My, [nazistowskie Niemcy], ze swojej strony jesteśmy gotowi oddać tych wszystkich przestępców do dyspozycji tych krajów i wcale mnie to nie obchodzi jak, nawet na luksusowych statkach"[159].

Mimo to narody jednogłośnie odmówiły przyjęcia Żydów. W lipcu 1938 r. przedstawiciele większości krajów wolnego świata zebrali się w Évian-les-Bains, miejscowości wypoczynkowej na południowym brzegu Jeziora Genewskiego we Francji. Ich celem było omówienie i znalezienie rozwiązań „problemu żydowskiego", czyli Żydów, którzy chcieli uciec z Niemiec i Austrii, zanim było za późno. Żydzi niemieccy i austriaccy z dużą nadzieją czekali na wyniki tej konferencji. Wierzyli, że uczestniczące kraje naprawdę będą starały się im pomóc i zaoferują im bezpieczną przystań. Niestety, gorzko się rozczarowali.

Co prawda, delegaci konferencji wyrazili swoje współczucie wobec trudnej sytuacji Żydów pod rządami nazistów, jednak nie podjęli żadnych zobowiązań i nie zaproponowali żadnych rozwiązań. Zamiast tego potraktowali tę konferencję jako zwykły początek swoich działań, które nie były więcej kontynuowane. Delegaci w sposób dyplomatyczny stwierdzili, że „Przymusowa emigracja ludzi w dużej liczbie stała się tak wielka, iż pogłębia ona problemy rasowe i religijne, zwiększa niepokoje międzynarodowe i może poważnie utrudniać proces ustępstw w stosunkach międzynarodowych"[160].

Jednakże, ponieważ konferencja, zwołana przez prezydenta Stanów Zjednoczonych Franklina D. Roosevelta, została zorganizowana pod warunkiem, że „żaden kraj nie zostanie zmuszony do zmiany swoich limitów imigracyjnych, lecz zostanie poproszony o dokonanie dobrowolnej zmiany"[161], nie było niczyim zaskoczeniem, że postanowienia konferencji oferowały zdesperowanym Żydom z Niemiec i Austrii bardzo nikłą nadzieję.

Według Jad Waszem, Światowego Centrum Badań Holokaustu, Dokumentacji, Edukacji i Upamiętnienia, oficjalnej fundacji Izraela na rzecz żydowskich ofiar Holocaustu: „Podczas konferencji delegat po delegacie tłumaczył brak możliwości, aby ich kraje przyjmowały jeszcze jakichś dodatkowych uchodźców. Delegat Stanów Zjednoczonych Myron C. Taylor oświadczył, że wkład jego kraju polega na tym, iż niemiecka i austriacka kwota imigracyjna, która do tego czasu nie była w pełni zrealizowana, pozostawała nadal dostępna. Delegat brytyjski oświadczył, że ich terytoria zamorskie są w dużej mierze nieodpowiednie dla osadnictwa europejskiego, za wyjątkiem części Afryki Wschodniej, która mogłaby zaoferować pewne możliwości dla ograniczonej liczby imigrantów. Wielka Brytania, sama będąc krajem w pełni zaludnionym i cierpiącym na bezrobocie, również nie była dostępna dla imigrantów; a także całkowicie wykluczył on Palestynę z dyskusji na ten temat. Delegat francuski stwierdził, że Francja osiągnęła 'skrajny punkt nasycenia w zakresie przyjmowania uchodźców'. Inne kraje europejskie powtórzyły podobne opinie z niewielkimi tylko zmianami. Australia nie mogła zachęcać uchodźców do imigracji, ponieważ 'jako że nie mamy prawdziwego problemu rasowego, nie chcemy takowego importować'. Delegaci z Nowej Zelandii, Kanady i krajów Ameryki Łacińskiej powoływali się na kryzys jako powód, dla którego nie mogli przyjąć uchodźców. Tylko niewielka Republika Dominikańska dobrowolnie zadeklarowała przekazanie dużych, lecz nieokreślonych obszarów dla kolonizacji rolniczej"[162].

Kilka miesięcy po tej konferencji drzwi ostatecznie zamknęły się, a los europejskiego żydostwa został przypieczętowany.

Antysemityzm w przebraniu

Chociaż okrucieństwa Holocaustu pomogły żydowskiemu osadnictwu w Izraelu zdobyć uznanie i współczucie, a żydowskie państwo Izrael zostało utworzone w 1948 roku, niewiele to pomogło, aby wykorzenić antysemityzm. Zamiast tego antysemityzm zyskał nową formę - „antysyjonizm".

Istnieją tacy ludzie, którzy twierdzą, iż antysyjonizm różni się od antysemityzmu. Baal HaSulam zaś, przeciwnie, twierdzi, że nienawiść do Żydów po prostu jest obecna na świecie niezależnie od formy, jaką ona przyjmuje. W swoim zwięzłym i dalekowzrocznym stylu pisze on: „Faktem jest, że Izrael jest znienawidzony przez wszystkie narody, czy to ze względów religijnych, z powodów rasowych, z kapitalistycznych, komunistycznych, czy też z powodów kosmopolitycznych. Dzieje się tak dlatego, iż nienawiść poprzedza wszystkie z tych powodów, ale każdy [człowiek] jedynie tłumaczy swoją nienawiść zgodnie z własną psychiką"[163].

Ale jak to często bywa w przypadku Żydów, nasi najlepsi zwolennicy pochodzą z narodów świata. Około roku po Wojnie Sześciodniowej z 1967 amerykański pisarz społeczny Eric Hoffer, który został odznaczony Prezydenckim Medalem Wolności i na którego cześć ustanowiono Nagrodę Eric'a Hoffer'a, opublikował list otwarty w *Los Angeles Times*. Być może fakt, że pan Hoffer nie był Żydem, pozwolił mu pisać tak szczerze na temat sytuacji Żydów na świecie.

„Żydzi są szczególnym narodem", zaczyna, „Rzeczy dozwolone innym narodom są zabronione Żydom. Inne narody wypędzają tysiące, nawet miliony ludzi i nie ma problemu uchodźców. Rosja to zrobiła, uczyniła tak Polska i Czechosłowacja. Turcja wyrzuciła milion Greków, natomiast Algieria milion Francuzów. Indonezja wyrzuciła nie wiadomo ilu Chińczyków i nikt nie wypowiedział ani słowa o uchodźcach. Jednakże w przypadku Izraela wysiedleni Arabowie stali się wiecznymi uchodźcami.

Wszyscy nalegają, aby Izrael przyjął z powrotem każdego z Arabów.

[Historyk brytyjski] Arnold Toynbee nazywa wysiedlenie Arabów okrucieństwem większym niż to popełnione przez nazistów.

Inne narody, kiedy są zwycięskie na polu bitwy, dyktują warunki pokojowe. Ale kiedy Izrael zwycięża, musi prosić o pokój. Wszyscy oczekują, że Żydzi będą jedynymi prawdziwymi chrześcijanami na tym świecie.

Inne narody - kiedy zostaną pokonane - odżywają i dochodzą do siebie, ale gdyby Izrael został pokonany, wtedy zostałby zniszczony. Gdyby Nasser [prezydent Egiptu podczas Wojny Sześciodniowej w 1967 r.] zatriumfował w czerwcu ubiegłego roku, wymazałby Izrael z mapy świata i nikt nie kiwnąłby palcem, by ocalić Żydów. Żadne zobowiązanie jakiegokolwiek rządu, dotyczące sprawy żydowskiej, w tym naszego [rządu Stanów Zjednoczonych], nie jest warte papieru, na którym jest ono napisane.

Po całym świecie niesie się krzyk oburzenia, kiedy ludzie umierają w Wietnamie lub kiedy dwóch czarnoskórych zostaje straconych w Rodezji. Ale kiedy Hitler dokonał mordu na Żydach, nikt się temu nie sprzeciwiał. Szwedzi, którzy są gotowi zerwać stosunki dyplomatyczne z Ameryką z powodu tego, co zrobiliśmy w Wietnamie, nie otworzyli ust, kiedy Hitler zabijał Żydów. Wysłali Hitlerowi bogate rudy żelaza i łożyska kulowe, a także serwisowali ich wojskowe pociągi zmierzające do Norwegii.

Żydzi są sami na świecie. Jeśli Izrael przetrwa, będzie to wyłącznie wynikiem wysiłków żydowskich oraz ich zasobów.

Jednak w tej chwili Izrael jest naszym jedynym rzetelnym i bezwarunkowym sprzymierzeńcem. Możemy polegać bardziej na Izraelu niż Izrael może polegać na nas. I trzeba sobie tylko wyobrazić, co by się stało zeszłego lata, jeśli Arabowie i ich rosyjscy zwolennicy wygraliby wojnę, aby zdać sobie sprawę, jak ważnym jest przetrwanie Izraela dla Ameryki i ogólnie dla całego Zachodu.

Mam przeczucie, które mnie nie opuści, że tak jak jest w przypadku Izraela, tak samo będzie z nami wszystkimi. Gdyby Izrael zginął, wtedy my doświadczymy holokaustu"[164].

Inny niezwykły przykład współczucia dla Żydów odnosi się tym razem do debaty w sprawie tego, czy ten, kto sprzeciwia się syjonizmowi, także jest przeciw Żydom. Poniżej znajdują się niezwykłe słowa wielebnego Martina Luthera Kinga Jr., który w liście skierowanym do przyjaciela wypowiada się pozytywnie nie tylko w sprawie Żydów, ale także w kwestii państwa żydowskiego w sposób tak przekonujący, że izraelskie Ministerstwo Spraw Zagranicznych może tylko pozazdrościć.

W „Liście do antysyjonistycznego przyjaciela" Martina Luthera Kinga czytamy: „...Oświadczasz, przyjacielu, iż nie nienawidzisz Żydów, lecz jesteś jedynie 'antysyjonistą'. A ja mówię: niech prawda zabrzmi ze szczytów wysokich gór, niech odbije się echem w dolinach zielonej boskiej ziemi - kiedy ludzie krytykują syjonizm, mają na myśli Żydów - taka jest prawda samego Stwórcy.

Antysemityzm, nienawiść do narodu żydowskiego była i pozostaje zmorą duszy ludzkości. W tym wszyscy jesteśmy zupełnie zgodni. Zatem wiedz także o tym: antysyjonista jest z natury antysemicki i zawsze tak będzie.

Dlaczego tak jest? Wiesz, że syjonizm jest niczym innym jak marzeniem oraz ideałem narodu żydowskiego, powracającego, aby żyć w ich własnej ziemi. Jak mówi Pismo Święte, lud żydowski mógł kiedyś cieszyć się kwitnącą wspólnotą w Ziemi Świętej. Z niej to zostali wygnani przez rzymskiego tyrana, tych samych Rzymian, którzy okrutnie zamordowali naszego Pana. Wygnani ze swojej ojczyzny, ich naród rozbity w pył, zmuszeni do wędrowania po świecie, naród żydowski raz po raz doświadczał razów bata każdego tyrana, który rządził nimi.

...Jak łatwym powinno być dla każdego, kto kocha to niezbywalne prawo całej ludzkości, zrozumieć i wspierać prawo narodu żydowskiego do życia w ich starożytnej ojczyźnie. Wszyscy ludzie dobrej woli będą radować się z wypełnienia obietnicy Stwórcy, że Jego lud powróci w radości, aby odbudować ich splądrowaną ziemię. To jest właśnie syjonizm - nic więcej, nic mniej.

A czym jest antysyjonizm? Jest to odmówienie narodowi żydowskiemu fundamentalnego prawa, jakiego słusznie my domagamy się dla ludzi Afryki, z czym zgadzają się wszystkie inne narody świata. Jest to dyskryminacja Żydów, mój przyjacielu, ponieważ są oni Żydami. Krótko mówiąc, jest to antysemityzm.

Antysemita raduje się z każdej okazji, kiedy może wyładować swoją złość. Nasze czasy sprawiły, że na Zachodzie niepopularnym jest obecnie otwarcie głosić nienawiść do Żydów. W takim przypadku antysemita musi stale szukać nowych form i forów dla swojej trucizny. Jak on musi rozkoszować się tą nową maskaradą! Nie nienawidzi Żydów, on jest po prostu 'antysyjonistą'!

Mój przyjacielu, nie oskarżam cię o celowy antysemityzm. Wiem, że czujesz podobnie jak ja głęboką miłość do prawdy i sprawiedliwości oraz wstręt do rasizmu, uprzedzeń i dyskryminacji. Ale wiem też, że zostałeś wprowadzony w błąd - tak jak inni - myśląc, że możesz być 'antysyjonistą', a jednocześnie pozostać wiernym tym szczerym zasadom, które razem podzielamy. Niech moje słowa odbijają się echem w głębi twojej duszy: kiedy ludzie krytykują syjonizm, mają na myśli Żydów – nie mylcie się w tej kwestii"[165].

Mniej więcej od przełomu wieków jesteśmy świadkami wzrostu antysemityzmu na całym świecie. Raport wykonawczy wydany przez Departament Stanu USA potwierdza, iż „Rosnąca częstotliwość i dotkliwość incydentów antysemickich od początku XXI wieku... zmusiła międzynarodową społeczność do skupienia się z nową energią na antysemityzmie. ...W ostatnich latach incydenty miały charakter bardziej ukierunkowany, a sprawcy wydawali się mieć konkretny zamiar zaatakowania Żydów oraz judaizmu"[166].

W niektórych przypadkach istnieje antysemityzm tam, gdzie nie ma żadnych Żydów! Raport zatytułowany „Antysemityzm bez Żydów" autorstwa pisarza, redaktora i fotografika Ruth Ellen Gruber szczegółowo opisuje powszechność antysemityzmu w Europie, nawet tam, gdzie nie mieszkają Żydzi. Gruber pisze: „Poproszono mnie o omówienie fenomenu 'antysemityzmu bez Żydów' w ujęciu historycznym, ale także w kontekście tego, co zostało nazwane 'nowym antysemityzmem', jaki objawił się ostatnio w Europie – i nie tylko... Muszę powiedzieć, iż nie czuję się dobrze z określeniem 'nowy antysemityzm'. Jak ujął to londyński dziennik London Jewish Chronicle w zeszłym roku, antysemityzm ma 'lekki sen' i jest łatwy do rozbudzenia. Jest on również często określany jako wirus, który podobnie jak wirusy, wywołujące chorobę w organizmie człowieka, może mutować się w sposób koniunkturalny, aby pokonać wszelkie siły obronne lub przeciwciała zmobilizowane przeciwko niemu. Było tak wiele razy, nawet w krajach, które przeżyły Holokaust, gdzie ludność żydowska jest praktycznie nieobecna. Ma to miejsce także obecnie"[167].

Być może mniej zaskakującym, niemniej jednak niepokojącym jest zjawisko formalnego antysemityzmu w Malezji. 6 października 2012 r. Robert Fulford z Canadian *National Post* opublikował artykuł na temat antysemityzmu w Malezji, stwierdzając, że w Malezji: „Politycy i urzędnicy państwowi poświęcają zaskakująco dużo czasu na myślenie o Izraelu, odległym o 7 612 km [4730 mil]. Czasami wydają się oni mieć wręcz obsesję na jego punkcie. Malezja nigdy nie spierała się z Izraelem, ale rząd zachęca obywateli do nienawiści wobec Izraela, a także do nienawiści wobec Żydów niezależnie od tego, czy są Izraelczykami, czy też nie"[168].

„Niewielu Malezyjczyków widziało Żyda na własne oczy, mała społeczność żydowska wyemigrowała stamtąd wiele lat temu", pisze Fulford, „Niemniej jednak Malezja stała się przykładem zjawiska zwanego 'antysemityzmem bez Żydów'. W marcu na przykład Federalny Departament Spraw Islamskich wysłał oficjalne kazanie do czytania we wszystkich meczetach, w którym było napisane: 'Muzułmanie muszą zrozumieć, że Żydzi są głównym wrogiem muzułmanów, o czym świadczy ich egoistyczne zachowanie i dokonywane przez nich morderstwa'.

W Kuala Lumpur rutynowo obwinia się Żydów o wszystko, począwszy od niepowodzeń gospodarczych po złą prasę, jaką otrzymuje Malezja w zagranicznych ('żydowskich') gazetach"[169].

Najwyraźniej nawet Holokaust nie był w stanie zmienić poglądów ludzi na temat Żydów. Jak napisałem w przedmowie do tej książki: „Od początku stulecia antysemityzm narasta po raz kolejny, tym razem na obszarze całego świata. Widmo nienawiści do Żydów zakorzeniło się na całym świecie". Sympatia, jaką cieszyliśmy się po II wojnie światowej, była ewidentnie krótkotrwała, a teraz nowa, jeszcze wyższa fala antysemityzmu niż kiedykolwiek nabiera na sile.

W rozdziale 2 cytowane były słowa rabina Nathana Szapiro: „Istnieją cztery siły w człowieku - nieożywiona, roślinna, zwierzęca i mówiąca, a Izrael posiada jeszcze inną, piątą część, gdyż są poziomem mówiącym boskim językiem"[170]. Jeśli będziemy pamiętać, iż celem stworzenia jest to, aby *wszyscy* osiągnęli ten ostatni stopień, który tylko posiada Izrael, a który Abraham miał zamiar dać *wszystkim* swoim babilońskim pobratymcom, zobaczymy, że to, co potrzebujemy dać światu, to jedna, bardzo prosta rzecz - właściwość obdarzania, zawarta w maksymie: „Kochaj bliźniego swego jak siebie samego". Kiedy egoizm kwitnie na całym świecie, to właściwość obdarzania jest jedynym lekarstwem, które może zrównoważyć globalny konflikt w niespotykanym dotąd rozmiarze.

Żydzi muszą zatem ożywić tę właściwość w sobie jako jednostki oraz jako cały naród i pokazać drogę całej ludzkości. W rzeczy samej osiągnięcie właściwości obdarzania jest równoznaczne z objawieniem Stwórcy poprzez równoważność w formie. Niestety, jak pokaże to kolejny rozdział, często próbujemy unikać tej misji albo dlatego, iż nie jesteśmy jej świadomi, czy też dlatego, że nie mamy na to ochoty. Tak więc zamiast oddać się naszemu powołaniu, torując drogę do światła dla całej ludzkości, staramy się asymilować do punktu zaniknięcia i być jak wszystkie inne narody świata.

ROZDZIAŁ 7
Miszmasz

Być Żydem albo nie być Żydem? - Oto jest pytanie!

Jedna z najważniejszych modlitw w święto *Jom Kippur* (Dzień Pojednania) jest znana jako *Maftir*[171] *Jonah* (Jonasz), podczas której odczytywana jest cała Księga Jonasza. Historia proroka Jonasza symbolizuje bardziej niż cokolwiek innego ambiwalencję, jaką odczuwa nasz naród w kwestii swojej roli w świecie.

Trzeba przyznać, że nie jest to przyjemnym zadaniem, aby stale stawiać się w roli osoby, psującej zabawę całej reszcie. Nawet w naszym własnym kraju prorocy rzadko mieli łatwe zadanie, czy też rzadko spotykali się z wdzięcznością za uratowanie od klęski i nieszczęścia. Jednakże prorocy zawsze wykonywali swoje zadania. Byli zmuszani do tego przez strach udręki, która w przeciwnym razie spotkałaby ich niczego nie podejrzewających braci, a więc nie mogli milczeć.

Jonasz starał się jak mógł, aby uniknąć swojej misji. Ukrył swoją hebrajską tożsamość i wszedł na pokład statku, który płynął do Tarszisz, daleko od Niniwy, gdzie Stwórca nakazał mu prorokować. Ale jak wiemy, Stwórca znalazł go na statku i żeglarze odkryli jego pochodzenie, po czym wyrzucili go za burtę, a następnie doznawał udręk we wnętrznościach ryby. W końcu, po okazaniu skruchy (modląc się we wnętrzu ryby), udał się do Niniwy i tam prorokował. Dzięki aktowi skruchy Jonasza mieszkańcy Niniwy dowiedzieli się o naprawie, jakiej się od nich wymagało, zastosowali ją i dlatego miasto zostało oszczędzone, a jego mieszkańcy ułaskawieni.

Co ciekawe, Niniwa nie była miastem hebrajskim. Była ona najbardziej zaludnionym miastem w imperium asyryjskim oraz prosperującym węzłem handlowym. Jednakże Pan nakazał Jonaszowi tam prorokować, aby mieszkańcy poprawili się i uniknęli nieszczęścia. To również daje dowód na to, że ścieżka naprawy i osiągnięcia Stwórcy nie była przeznaczona jedynie dla Żydów, lecz dla całej ludzkości. Jakże symbolicznym jest to, że czytamy tę historię w najbardziej żydowski dzień roku - *Jom Kipur*, Dzień Pojednania.

Zatem historia Jonasza uosabia dylemat Żydów, istniejący we wszystkich pokoleniach. Z jednej strony jesteśmy ludźmi wybranymi do zadania pokazania drogi do światła wszystkim narodom. Z drugiej zaś strony usilnie i bezskutecznie staramy się unikać swojego losu, ponieważ wieść o wzajemnym poręczeniu i jedności, którą niesiemy narodom, jest nieprzyjemna dla ego słuchającego, ponieważ wszyscy rodzimy się egocentryczni i chcemy tacy pozostać.

Kiedy Żydzi powrócili z wygnania w Babel, aby zbudować Drugą Świątynię, ci, którzy pozostali, zasymilowali się tak bardzo z goszczącymi ich narodami, iż zniknęli całkowicie. *Encyklopedia Żydowska*[172] pisze, że kiedy zostali uwolnieni z niewoli babilońskiej, Żydzi stopniowo rozprzestrzenili się po całej Syrii, Egipcie i Grecji - głównie jako niewolnicy, ale raczej niezbyt kompetentni, więc bez problemu byli wykupywani i uwalniani.

„Poza tym", informuje *Encyklopedia Żydowska*, „dzięki wielkiej solidarności, która jest jedną z trwałych cech rasy żydowskiej, nie mieli oni trudności ze znalezieniem współwyznawców skłonnych zapłacić kwotę za ich okup"[173]. Jednakże, kontynuuje Encyklopedia, „Żydzi, uwalniani w ten sposób, zamiast wrócić do Palestyny, zwykle pozostawali w krajach swojej dawnej niewoli i tam wspólnie ze swoimi braćmi w wierze zakładali społeczności. Zgodnie z urzędowym świadectwem Philo (*Legatio ad Caium*, §23), społeczność żydowska w Rzymie zawdzięcza swój początek uwolnionym jeńcom wojennym"[174]. Z Rzymu Żydzi rozprzestrzenili się dalej po całej reszcie Europy.

Kiedy już zostali wyzwoleni z Babilonu, mniejszość Hebrajczyków, którzy powrócili do ziemi Izraela, stała się tym, co jest obecnie znane jako 'naród żydowski'. Po upadku Drugiej Świątyni oni także chcieli się zasymilować. Jednak w przeciwieństwie do swoich dawnych braci - Żydów, którzy zostali wygnani z Jerozolimy i Judei - nigdy nie pozwolono im zmieszać się z narodami do punktu całkowitego zniknięcia. Gdyby tak się stało, cel, dla którego Żydzi istnieją, czyli objawienie Stwórcy reszcie narodów, nigdy nie zostałby osiągnięty.

Być może dlatego znani historycy i teologowie pisali słowa podobne do tych, jakie wyraził emerytowany profesor judaizmu na Uniwersytecie Walijskim Dan Cohn-Sherbok: „Paradoks życia żydowskiego polega na tym, że nienawiść do Żydów oraz ich przetrwanie były ze sobą powiązane przez tysiące lat i że bez antysemityzmu możemy być skazani na wymarcie"[175].

Rzeczywiście, mimo rozpaczliwych niekiedy prób przemieszania się i asymilacji zawsze przypominano nam o naszym dziedzictwie i byliśmy albo w surowy sposób przywracani do judaizmu, lub pozostawaliśmy niczym wyrzutki w naszych nowych religiach. Obecnie wielu Żydów wciąż stara się zasymilować z kulturą ich krajów zamieszkania, ale pomimo pozornego sukcesu w niektórych krajach historia pokazuje, że tak naprawdę nigdy się to nie udało, a żydowska misja wskazuje, iż nigdy nie będzie to możliwe.

Szczególnie godne uwagi przykłady asymilacji i odrzucenia Żydów miały miejsce w XIV oraz XV wieku w Hiszpanii oraz w Niemczech (przed i podczas II wojny światowej i Holokaustu). Spowodowały one eksterminację praktycznie całego europejskiego żydostwa. Chociaż wiele zostało powiedziane i napisane na temat tych dwóch epok w historii Żydów, warto zauważyć pewne podobieństwa, które mogłyby wskazywać na pewien powtarzalny trend, który możemy wykorzystać jako omen. Zajmiemy się tymi okresami po kolei i zakończymy refleksjami na temat obecnie najbardziej widocznej wspólnoty Żydów poza Izraelem, mieszkającej w Stanach Zjednoczonych.

Hiszpania, tragiczne love story

Józef Flawiusz pisał o ciepłym przyjęciu, z jakim przyjęto emigrantów z Judei w Syrii oraz Antiochii po ich wydaleniu przez Rzymian. Żydzi byli „bardzo przemieszani" i żyli tam „w niczym niezakłóconym spokoju"[176]. Pisał on też o tym, jak cesarz rzymski Tytus Flawiusz „wyrzucił ich z całej Syrii"[177]. W „Starożytnościach żydowskich" zacytował greckiego geografa, Strabona, który miał powiedzieć: „Ten lud jest już obecny w każdym mieście i nie jest łatwym znaleźć jakiekolwiek miejsce możliwe do zamieszkania, które nie gościłoby tego narodu, w którym nie można by odczuć jego siły"[178].

Niepewny, zmienny sposób, w jaki Żydzi są najpierw witani z zadowoleniem, a następnie odrzucani, po czym witani ponownie, aby zostać wygnanymi po raz kolejny, jeśli nie całkowicie zniszczonymi, powtarzał się wielokrotnie od czasu upadku Pierwszej Świątyni[179]. Jak już wspomniano wcześniej, wygnani Żydzi Pierwszej Świątyni, którzy zdecydowali się rozprzestrzenić po świecie, wychodząc z Babilonu, po otrzymaniu wolności zdołali zasymilować się do punktu zaniknięcia. Jednakże wielu, jeśli nie większość Żydów, którzy zostali wygnani po upadku Drugiej Świątyni, nadal są rozpoznawani jako Żydzi przynajmniej poprzez dziedzictwo, jeśli nie ze względu na swoje praktyki religijne.

Było wiele prób nawracania Żydów na islam lub chrześcijaństwo, a oni sami często tego chcieli i równie aktywnie próbowali się nawracać. A jednak w większości przypadków te próby zawiodły albo kończyły się jedynie nieznacznym sukcesem.

Profesor i badacz historii Żydów na Uniwersytecie Wisconsin Norman Roth szczegółowo opisuje zarówno masowe próby nawracania się przez Żydów, jak i tragiczne konsekwencje, jakie miały miejsce w wyniku tych prób. W książce zatytułowanej „Żydzi, Wizygoci oraz muzułmanie w średniowiecznej

Hiszpanii: współpraca i konflikt" on pisze: "W XIV oraz XV wieku tysiące Żydów nawróciło się na chrześcijaństwo głównie z własnej woli, a nie pod jakimkolwiek przymusem. W społeczeństwie to nawracanie Żydów na chrześcijaństwo doprowadziło do zawziętej wrogości wobec nich w XV wieku, ostatecznie doprowadzając do otwartych działań wojennych. Po raz pierwszy w historii pojawił się wtedy antysemityzm rasowy na tak dużą skalę, że wprowadzono dekrety znane jako 'limpieza de sangre' (czystość krwi – jako rozróżnienie pomiędzy 'czystymi' starymi chrześcijanami a tymi z muzułmańskim czy też żydowskim rodowodem). Ostatecznie doprowadziło to do ożywienia Inkwizycji w obliczu fałszywych zarzutów, dotyczących ,nieszczerości' nawróconych, i wielu z nich poniosło śmierć na stosie. Jednakże żadne z tych wydarzeń nie miało nic wspólnego z Żydami, którzy przez większość tamtego okresu prowadzili normalne życie i mieli poprawne stosunki z chrześcijanami, jak było to wcześniej"[180].

Jeśli chodzi o ścisłość, Żydzi, którzy trwali przy swej wierze, nie tylko nie doznali szkody, ale wręcz utrzymywali wyjątkową więź ze swoimi hiszpańskimi gospodarzami. Według Roth'a „Tak niezwykła, można wręcz powiedzieć wyjątkowa, była natura tego związku [pomiędzy Żydami a chrześcijanami], iż używa się dla niego specjalnego określenia w języku hiszpańskim, które nie ma dokładnego tłumaczenia na inne języki, a mianowicie *convivencia* [co mniej więcej oznacza „żyć w stanie koligacji"]. Faktem jest, iż rzeczywista skala *convivencia* w średniowiecznej chrześcijańskiej Hiszpanii nie została jeszcze w pełni ujawniona"[181].

Studia Rotha podkreślają, iż dopóki Żydzi pozostawali wierni swojemu dziedzictwu i nie starali się zasymilować w obcych kulturach, byli mile widziani albo przynajmniej byli pozostawiani w spokoju. A w szczególności w Hiszpanii, czasami ciepło i intensywność tych relacji naprawdę przypominały historię miłosną wraz ze wszystkimi doświadczeniami i kłopotami, jakie niesie ze sobą wielka miłość. Jednak kiedy tylko Żydzi próbowali zmieszać się z innymi narodami i stać się takimi jak one, wtedy te narody odrzucały ich i siłą przywracały z powrotem do judaizmu lub też *zmuszały* ich do nawrócenia, ale w sposób uwłaczający ich godności i przymusowy.

Jane S. Gerber, znawca historii sefardyjskiej w nowojorskim City University, elokwentnie wyszczególnia, do jakiego stopnia Żydzi oraz *conversos* zanurzyli się w życiu świeckim i kulturowym Hiszpanii: „Głęboko zakorzenieni na Półwyspie Iberyjskim od zarania ich rozproszenia", pisze Gerber, „Żydzi ci gorliwie pielęgnowali swoją miłość do Hiszpanii i odczuwali głęboką lojalność wobec jej języka, regionów oraz *tradycji* (...) W rzeczywistości *Hiszpania została uznana przez nich za drugą Jerozolimę.*

Kiedy został ogłoszony przez króla Ferdynanda i królową Izabelę dekret o wydaleniu w dniu 31 marca [1492], nakazujący 300.000 hiszpańskim Żydom opuszczenie kraju w ciągu czterech miesięcy, Sefardyjczycy zareagowali szokiem i niedowierzaniem. Oczywiście, byli świadomi *wysokiej pozycji swoich ludzi we wszystkich dziedzinach życia,* jawnej długowieczności ich społeczności (...) i mieli nadzieję, że *obecność tak wielu Żydów i chrześcijan pochodzenia żydowskiego (conversos) w kręgach dworskich, gminach, a nawet kościele katolickim* może zapewnić im ochronę i zapobiec wykonaniu dekretu.

...Żydzi hiszpańscy byli szczególnie dumni ze swojego długiego pocztu poetów, których utwory... nadal były recytowane.

Ich filozofowie mieli duży wpływ nawet na uczonych Zachodu, ich innowacyjni gramatycy zyskali trwałe miejsce jako pionierzy języka hebrajskiego, a ich matematycy, naukowcy i niezliczeni lekarze zdobyli duże uznanie. Zaradność i *zasługi sefardyjskich dyplomatów także zapełniały annały wielu królestw muzułmańskich*. Faktem jest, że *mieszkali oni nie tylko w Hiszpanii, lecz współistnieli bok przy boku z muzułmanami i chrześcijanami, traktując pojęcie współżycia (la convivencia) z najwyższą powagą.*

Doświadczenie Sefardyjczyków podnosi kwestię akulturacji i asymilacji w sposób, w jaki nie robi tego żadna inna społeczność żydowska. Przez wiele wieków *cywilizacja żydowska swobodnie dokonywała zapożyczeń z otaczającej kultury muzułmańskiej.* ...Kiedy Żydów sefardyjskich dotknęły prześladowania w 1391 roku i mieli wtedy do wyboru konwersję lub śmierć, liczba nawróconych znacznie przewyższała liczbę męczenników. Sama nowość takiego masowego nawrócenia, wyjątkowego doświadczenia żydowskiego, skłoniła badaczy do poszukiwania przyczyny w *wysokim poziomie akulturacji, osiągniętym przez Żydów sefardyjskich*"[182].

A jednak nie była to akulturacja, która spowodowała obrócenie się Hiszpanów przeciwko Żydom. Było to raczej porzucenie spójności społecznej i wzajemnego poręczenia, czyli cech, które (w przeważającej części) zdobyły im nieświadomy szacunek ze strony mieszkańców ich krajów osiedlenia. „Średniowieczni komentatorzy w szczególności", kontynuuje Gerber, „chętnie przypisywali akulturacji żydowskiej winę za *degradację społecznej dyscypliny*, a niektórzy z największych współczesnych historyków żydowskich, takich jak Izaak Baer, podawali dodatkowo niszczący wpływ filozofii awerroistycznej oraz cynizm zasymilowanej żydowskiej klasy hiszpańskich dworzan. Ale na fali masowych konwersji i *ostrych konfliktów społecznych nie tylko filozofowie poddali się w obliczu prześladowań*"[183]. Cierpień doznawała cała społeczność.

W ten sposób, świadomie lub nie, Żydzi zostali srogo doświadczeni i ostatecznie wygnani z Hiszpanii, ponieważ stali się zbyt rozdzieleni, zapominając o sile i korzyściach, jakie może im przynieść jedność, o czym uczyli od pokoleń mędrcy naszych przodków. *Księga Zohar* mówi o panaceum jedności: „Ponieważ stanowią oni jedno serce i jedną duszę... nie zawiodą w czynieniu tego, co twierdzą, iż mają czynić, i nie ma nikogo, kto mógłby ich powstrzymać"[184].

Jednak *Księga Zohar*, która pojawiła się w Hiszpanii zaledwie kilka wieków przed wygnaniem, nie mogła uratować Żydów. Byli oni po prostu zbyt duchowo i kulturowo zasymilowani, aby się zjednoczyć i wypełnić powierzoną rolę stania się światłem dla reszty narodów. A ponieważ nie chcieli skorygować swojej drogi z własnej woli, prawo natury obdarzania, Stwórca, uczynił to poprzez ich otoczenie - hiszpańskich chrześcijan, których Żydzi traktowali z szacunkiem.

Klasyk angielski, autor, profesor na Uniwersytecie Cambridge Michael Grant zaobserwował niezdolność Żydów do mieszania się: „Żydzi okazali się być nie tylko niezasymilowani, ale wręcz niezdolni do asymilacji. ...Wykazanie, iż tak było, okazało się jednym z najbardziej znaczących punktów zwrotnych w historii Grecji z powodu olbrzymiego wpływu, wywieranego przez ich religię na przestrzeni kolejnych wieków, która nie tylko przetrwała w stanie nienaruszonym, ale później także dała początek chrześcijaństwu"[185].

Podobnie w XVIII wieku biskup Thomas Newton pisał o Żydach: „Przetrwanie Żydów jest naprawdę jednym z najbardziej doskonałych, wręcz znakomitych czynów Opatrzności... Co jeśli nie nadprzyrodzona moc mogła zachować ich w taki sposób, jak nie miało to miejsca w przypadku żadnego innego narodu na ziemi. Nie mniej widoczna jest opatrzność Boża w niszczeniu ich wrogów... Widzimy, że wielkie imperia, które kolejno podbijały i uciskały lud Boży, popadły w ruinę... A jeśli taki był fatalny koniec wrogów i prześladowców Żydów, niech to posłuży jako ostrzeżenie dla tych wszystkich, którzy w dowolnym momencie lub przy każdej okazji podnoszą wrzawę i powodują prześladowania wobec nich"[186].

Ponieważ, jak wspomniano w rozdziale 4, Żydzi reprezentują w naszym świecie część duszy Adama, która osiągnęła jedność serc, a więc połączenie ze Stwórcą, i ponieważ ich duchowym zadaniem jest szerzyć tę jedność i wynikające z niej połączenie z pozostałymi narodami, narody te odrzucają wszelkie próby upodobnienia się Żydów do nich. Nie jest to świadomy akt wyboru, ale przymusowe działanie narzucone im od samego Zamysłu Stworzenia. Rzadko ten fakt o ich zadaniu dociera do świadomości sprawców nieszczęścia Żydów, ale zawsze niezawodnie go wypełniają.

Jeden niezwykły przypadek Zamysłu Stworzenia, jaki wszedł do świadomości oprawcy, miał miejsce pewnej fatalnej i tragicznej nocy w roku 1492. W opracowaniu *The Jew in the Medieval World: A Sourcebook: 315-1791* (Żyd w średniowiecznym świecie: księga źródłowa: 315-1791) badacz historii Żydów rabin Jacob Rader Marcus przytacza szczegóły zdarzenia, które, jak odkrył, miały miejsce: „Umowa, umożliwiająca im [Żydom] pozostanie w kraju [Hiszpania] w zamian za zapłatę dużej sumy pieniędzy, została prawie zakończona, kiedy została udaremniona przez ingerencję pewnego przeora, który był nazywany przeorem z Santa Cruz. [Legenda głosi, że Torquemada, przeor klasztoru Santa Cruz, grzmiał z podniesionym w górę krzyżem do króla i królowej: 'Judasz Iskariota sprzedał swojego pana za trzydzieści srebrników. Wasza Wysokość ma zamiar sprzedawać go na nowo za trzydzieści tysięcy. Oto on, weź go i targuj się o niego'.]"[187]. To, co wydarzyło się później, pokazuje, że cokolwiek się dzieje, Żydzi mają obowiązek być tym, kim są, i czynić to, co muszą. „Wtedy to królowa udzieliła odpowiedzi przedstawicielom Żydów, podobnej do jednego z powiedzeń króla Salomona [Przysłów 21:1]: 'Serce króla w ręku Pana jak płynąca woda, On zwraca je, dokąd chce'. Powiedziała ponadto: 'Czy uważacie, że to my jesteśmy tego sprawcami? To Pan umieścił tę rzecz w sercu króla'"[188].

Rzeczywiście, Żydzi zostali wygnani nie dlatego, że przestali stanowić wartość ekonomiczną dla Hiszpanów. Żydzi byli uznawani za siłę gospodarczą już od wieków. W rzeczywistości, kiedy zostali zmuszeni do opuszczenia Hiszpanii, wielu z nich uciekło do Turcji, która powitała ich z radością właśnie ze względu na ich wkład w gospodarkę kraju zamieszkania. Zatem sułtan Bajazyd II był tak zachwycony z powodu wypędzenia Żydów z Hiszpanii i ich przybycia do Turcji, iż rzekomo „sarkastycznie podziękował Ferdynandowi za wysyłanie mu wielu z jego najlepszych poddanych, zubażając swoje ziemie, a wzbogacając jego [Bajazyda]"[189]. Inne źródło donosi, że „Kiedy król Ferdynand, który wypędził Żydów z Hiszpanii, został wspomniany w obecności [Bajazyda], powiedział on: 'Jak można uważać Ferdynanda za mądrego władcę, kiedy zubożył on własną ziemię, wzbogacając naszą?'"[190].

Wciąż odkrywamy, że to nie nasza bystrość gwarantuje nam przychylność narodów. Raczej jest to nasza jedność, gdyż ta jedność właśnie rzuca na nich światło albo raczej rozkosz, jaka była im przeznaczona, aby otrzymali ją przez nas w Zamyśle Stworzenia. Jak mówi pisarz i myśliciel rabin Hillel Tzaitlin: „Jeśli Izrael jest jedynym prawdziwym odkupicielem całego świata, to musi się nadawać do tego aktu. Izrael musi najpierw odkupić własną duszę... Ale jak może odkupić swoją duszę? ...Czy naród, który jest w ruinie zarówno w kwestii materii, jak i ducha może stać się narodem w całości złożonym z odkupicieli? ...W tym celu pragnę ustanowić przy pomocy tej książki „jedność Izraela"... Jeśli taka zostanie ustanowiona, zjednoczenie jednostek będzie w celu wewnętrznego wzniesienia i będzie wezwaniem do naprawy za wszystkie bolączki narodu i świata"[191].

Rzeczywiście, nawet jeśli zdobędziemy każdą nagrodę Nobla aż po dzień sądu ostatecznego bez względu na wszystkie korzyści, jakie nasze osiągnięcia naukowe przynoszą ludzkości, nie będziemy w stanie zyskać ich uznania, lecz jedynie niechęć. Możemy wydać spomiędzy siebie najlepszych lekarzy, najwybitniejszych ekonomistów, najbardziej genialnych naukowców i najbardziej innowacyjnych przedsiębiorców, ale dopóki nie sprowadzimy światła, siły, jaką możemy wywołać poprzez naszą jedność, narody nie będą nas akceptować, a my sami nigdy nie usprawiedliwimy naszego istnienia na tej planecie.

Nazistowskie Niemcy - horror nie do opisania

Jak wspominano już wcześniej w tym rozdziale, inny godny uwagi przykład próby asymilacji i odrzucenia Żydów miał miejsce w Niemczech przed i podczas II wojny światowej. Przerażające konsekwencje wydarzeń, które miały miejsce w Niemczech, zostały już dokładnie omówione i przeanalizowane i nie ma tutaj wiele do dodania w kwestii tego, co miało tam miejsce. Co należy jednak podkreślić, to powtórzenie roli winowajców, mające miejsce podczas hiszpańskiej inkwizycji oraz ostatecznego wydalenia Żydów z Hiszpanii.

Historycznie rzecz biorąc, niemieccy Żydzi nie cieszyli się taką wolnością i bliskością stosunków z mieszkańcami księstw i miast, jak Żydzi w Hiszpanii. Zamiast tego przez wieki wędrowali oni z miasta do miasta, osiedlali się tam, gdzie było to dozwolone - zawsze przy surowych ograniczeniach i dyskryminacji, a czasami, tak jak w czasie krucjat, byli narażeni na prześladowania, wypędzenie, a nawet masakry.

A jednak począwszy od XVI wieku, wraz z nastaniem renesansu, Żydzi w Niemczech cieszyli się względnym spokojem. Chociaż nie otrzymali równego statusu czy obywatelstwa w żadnym z ich miast zamieszkania lub księstw, pozostawiono ich w spokoju, aby mogli wieść swoje życie stosunkowo bez zakłóceń, będąc oddzielonymi od pozostałej części społeczeństwa niemieckiego.

„Za murami swojego getta", pisze Sol Scharfstein w książce *Understanding Jewish History: From Renaissance to the 21st Century* (Zrozumieć żydowską historię: od epoki renesansu do XXI wieku), „trzymając się własnych tradycji i własnej drogi życia, Żydzi przetrwali burze kolejnych stuleci, walki pomiędzy chrześcijanami, między kościołem a książętami, a także wojny i rewolucje wywołane przez nowe warunki i nowe idee.

...[Papież] Paweł IV twierdził, iż było to głupie ze strony chrześcijan przyjaźnić się z ludźmi, którzy nie zaakceptowali

Chrystusa jako swego Zbawiciela. W bulli papieskiej postanowił, że Żydzi, mieszkający na terenach kontrolowanych przez kościół, mieli być zamknięci w gettach. Wolno im było opuścić getto w dzień, aby pójść do pracy, ale nie było im wolno być poza nim w żadnym innym czasie. Bramy getta miały być zamknięte w nocy i w czasie świąt chrześcijańskich", a bramy były „...strzeżone przez strażników nie-Żydów, którzy kontrolowali wejścia i wyjścia tych, co byli uwięzieni wewnątrz"[192].

Ale wbrew powszechnemu przekonaniu początkowo getta żydowskie nie były obowiązkowe. Nastąpiło to później, kiedy Żydzi byli już skupieni w swoich obszarach zamieszkania. Znany historyk Salo Wittmayer Baron napisał, że „Żydzi mieli mniej obowiązków i więcej praw niż większa część ludności. ...Mogli swobodnie przemieszczać się z miejsca na miejsce, z nielicznymi wyjątkami, mogli poślubić kogo chcieli, mieli swoje własne sądy i byli sądzeni według własnych praw. Nawet w przypadkach spraw mieszanych z nie-Żydami nie lokalny trybunał, ale zwykle specjalny sędzia, mianowany przez króla lub jakiegoś wysokiego urzędnika, wkraczał ze swoimi kompetencjami"[193].

Kilka stron dalej profesor Wittmayer Baron kontynuuje: „... Społeczność żydowska cieszyła się pełną autonomią wewnętrzną. Złożona w strukturze, odizolowana, w pewnym sensie obca, była bardziej pozostawiona sama sobie przez państwo, niż miało to miejsce w przypadku większości innych zrzeszeń. Tak więc społeczność żydowska z czasów przedrewolucyjnych miała więcej kompetencji w stosunku do swoich członków niż ówczesne federalne, stanowe i miejskie samorządy razem wzięte [w odniesieniu do roku 1928, roku wydania]. Edukacja, wymiar sprawiedliwości dla Żydów, opodatkowanie dla celów komunalnych i państwowych, służba zdrowia, rynki, porządek publiczny – wszystko to znajdowało się w zasięgu jurysdykcji społeczności, a ponadto społeczność żydowska stanowiła źródło pracy społecznej, której jakość, ogólnie rzecz biorąc, przewyższała tą, wykonywaną przez nie-Żydów.

...Etapem tego gromadnego istnienia, powszechnie uważanym przez wyzwolonych Żydów jako totalne zło, było getto. Jednakże nie należy zapominać, iż getto zostało stworzone dobrowolnie w wyniku działań samorządu żydowskiego, a dopiero w późniejszym jego rozwoju prawo publiczne zaingerowało i wprowadziło przymus prawny dla wszystkich Żydów, aby mieszkali w odosobnionej dzielnicy"[194].

Tak więc, polegając wzajemnie na sobie w celu przetrwania, Żydzi zbliżyli się do siebie, kultywując własną literaturę, i żyli w sposób skromny i pobożny. Po raz kolejny widzimy, że kiedy Żydzi trzymają się razem, nie dzieje im się krzywda. Po raz kolejny widzimy także, że kiedy spójność i jedność nie staje się wyborem w życiu Żydów, zewnętrzne okoliczności im to narzucają. Chociaż z przymusu, to właśnie jedność okazuje się tym, co ich chroni.

A jednak mimo bezpieczeństwa zapewnianego przez ich jedność, a także fakt, iż Żydzi, jak zauważył prof. Grant, są „niezdolni do asymilacji", jak tylko otwierają się drzwi i Żydzi mogą wyjść na zewnątrz, zaczynają wtedy mieszać się w ten sam sposób, który sprowadził na nich nieszczęście w Hiszpanii – asymilację kulturową, a co gorsza, *asymilację religijną*. Jakoś zawsze zdajemy się zapominać słów naszych mędrców, którzy wielokrotnie twierdzili, że „Kiedy oni [Izrael] są jak jeden człowiek z jednym sercem, wtedy otoczeni są murem obronnym przeciw siłom zła"[195]. Rzeczywiście, jak już wykazano w tej książce, zaniedbanie jedności było tym, co spowodowało upadek Świątyni i rozproszenie narodu po obcej ziemi, i faktycznie każde nieszczęście, jakie nawiedzało Żydów od tamtego czasu.

W miarę jak postępowała emancypacja żydowska i niemieccy Żydzi zostali wpuszczeni do niemieckiego społeczeństwa chrześcijańskiego, stopniowo stali się wyobcowani od swoich duchowych korzeni. Pod koniec 18 wieku byli tak chętni wejść do społeczeństwa chrześcijańskiego, iż zrobiliby praktycznie wszystko, aby zostać przez nie zaakceptowanymi. Tak więc według profesorów kultury i historii żydowskiej Steven'a J. Zipperstein'a z Uniwersytetu Stanforda oraz Jonathan'a Frankel'a z Uniwersytetu Hebrajskiego w Jerozolimie, w 1799 roku, zaledwie kilka lat po rozpoczęciu emancypacji Żydów, David Friedlander, jeden z najwybitniejszych przywódców wspólnoty żydowskiej, posunął się aż tak daleko, iż zasugerował, aby Żydzi berlińscy nawrócili się masowo na chrześcijaństwo[196].

Ale nawet bez aktu konwersji niemieccy Żydzi byli gotowi porzucić wszystko, co ich przodkowie uważali za święte. „Aby udowodnić bezwzględną lojalność Żydów wobec państwa i kraju", pisali Zipperstein i Frankel w swojej książce, „[Żydzi] byli gotowi do usunięcia z ksiąg modlitewnych wszelkich odniesień do odwiecznej nadziei na powrót do dawnej ojczyzny w Palestynie oraz interpretowali rozproszenie Żydów po całym świecie nie jako wygnanie, lecz wartość pozytywną jako drogę, dzięki której Żydzi mogli nieść posłanie etyki monoteistycznej całej ludzkości jako misję, uświęconą przez Stwórcę. Tak więc ruch reformatorski umożliwił twierdzenie, iż Żydzi stanowili wspólnotę ściśle religijną, pozbawioną wszelkich cech narodowych, i że byli oni Niemcami (czy też Polakami lub Francuzami, w zależności od przypadku) 'wyznania mojżeszowego'. W ten sposób zreformowany judaizm stał się symbolem w pewnym sensie gotowości do zrzeczenia się prastarych wierzeń w zamian za równość obywatelską i akceptację społeczną"[197].

Porzucenie związku z Syjonem, z ziemią Izraela i dążeniem do Stwórcy – Prawa Obdarzania – symbolizuje bardziej niż cokolwiek innego stopień, w jakim niemieccy Żydzi oddalili się od swojego dziedzictwa. Jak widzieliśmy tak wiele razy i jak dowiadujemy się z nauk naszych mędrców w całej naszej historii, kiedy Żydzi dobrowolnie porzucają swoją rolę, są wtedy na powrót do niej zmuszani przez te same narody, w które to starają się wmieszać.

Niestety, niemieccy Żydzi nie wiedzieli o tym fakcie. Przebywali na wygnaniu, odsunięci od właściwości obdarzania i zupełnie nieświadomi ich zadania. Byli nieświadomi swojego błędu, że jak tylko poświęcali własną spójność dla uzyskania akceptacji przez ogół społeczeństwa, narażali przez to swoją przyszłość oraz przyszłość swoich dzieci na niebezpieczeństwo. Chociaż nikt nie mógł przewidzieć wielkości horroru, jaki miał ich spotkać, ścieżka ku niemu została wytyczona, a ich zachowanie w dalszym ciągu ją wzmacniało.

Od około 1780 roku do roku 1869, mimo kilku niepowodzeń, miał miejsce stopniowy postęp emancypacji żydowskiej. Ostatecznie „Prawo równości zostało uchwalone przez Sejm Związku Północnoniemieckiego w dniu 3 lipca 1869. Dzięki rozszerzeniu tego prawa do obszarów zjednoczonych w ramach

Rzeszy Niemieckiej walka niemieckich Żydów o równouprawnienie zakończyła się sukcesem"[198].

Jednakże ceną sukcesu było całkowite porzucenie wszystkiego, co trzymało Żydów razem. Według Wernera Eugen Mosse'a, emerytowanego profesora Historii Europejskiej na Uniwersytecie Wschodniej Anglii: „W 1843 roku pierwsza radykalna reformatorska społeczność, odrzucająca obrzezanie i wzywająca do przeniesienia żydowskiego szabatu na niedzielę, powstała we Frankfurcie. ...W ciągu kolejnych dwóch lub trzech dziesięcioleci reformatorski ruch religijny zmienił ceremoniał religijny w większości dużych społeczności i przekształcił się w liberalny ruch religijny, który zdominował społeczność żydowską w XX wieku.

...Nacisk na integrację społeczną doprowadził wielu do porzucenia tych praktyk, które w ich odczuciu stanowiły barierę dla współżycia społecznego (np. zasady żywieniowe), natomiast potrzeba bycia konkurencyjnymi ekonomicznie zmusiła wielu do prowadzenia działalności gospodarczej w sobotę, żydowski szabat. Ponadto wielu zasymilowanych Żydów zostało odepchniętych przez tradycyjny żydowski ceremoniał ze względów estetycznych"[199].

„Innym aspektem reformy ściśle związanym z edukacją", kontynuuje profesor Eugen Mosse, „była nowa ceremonia bierzmowania. Ceremonia ta, oparta na modelach chrześcijańskich, miała uzupełnić (lub rzadziej całkowicie zastąpić) tradycyjny obrzęd *bar micwa*. Zarówno dziewczynki, jak i chłopcy po ukończeniu szkoły religijnej przystępowali do egzaminu ustnego, dotyczącego podstaw religii żydowskiej, a następnie byli pobłogosławieni przez rabina i formalnie wprowadzani do judaizmu"[200].

Tak więc podobnie, jak to miało miejsce w Hiszpanii jakieś cztery wieki wcześniej, reformowani Żydzi stali się właściwie „conversos aszkenazyjskimi". Zdaniem Donalda L. Niewyk'a, emerytowanego profesora Historii SMU: „Ogromna większość Żydów z pasją poświęcała się dla dobrobytu jedynej ojczyzny - Niemiec"[201].

I tak jak to miało miejsce w Hiszpanii, kiedy sytuacja zaczęła obracać się przeciwko Żydom, antysemityzm narastał w Republice Weimarskiej, a Żydzi byli nieświadomi rozbrzmiewających ostrzeżeń. „Niewielu postrzegało antysemityzm jako coś pozytywnego, jako coś, co mogło powstrzymać Żydów od stopniowego wtopienia się w większą społeczność i ostatecznego zniknięcia jako charakterystycznej grupy religijnej", opowiada prof. Niewyk[202]. Brak świadomości, iż pozwalamy na to, aby narody trzymały nas razem zamiast robić to samemu, niesie za sobą niewyobrażalne konsekwencje. Dr Kurt Fleischer, lider liberałów w Zgromadzeniu Wspólnoty Żydowskiej w Berlinie, twierdził w 1929 roku, że „Antysemityzm jest plagą, jaką Bóg nam zesłał, aby doprowadzić nas do siebie i zespawać ze sobą"[203]. To znowu potwierdza wcześniej cytowane słowa profesora Cohn-Sherbok'a: „Paradoksem żydowskiego życia jest to, iż... bez antysemityzmu możemy być skazani na wymarcie"[204]. Rzeczywiście, mają oni wszyscy rację, chociaż w tragicznym dla nas znaczeniu.

Jak się okazało, Hitler także uważał, iż Stwórca wykorzystał nazistów do swego dzieła. W *Mein Kampf* napisał podobne słowa do wspomnianego oświadczenia Izabeli, królowej Hiszpanii, o

Panu karzącym Żydów poprzez osobę króla: „Wieczna Natura nieubłaganie mści się za naruszanie jej nakazów. Stąd uważam teraz, że działam zgodnie z wolą Wszechmogącego Stwórcy, broniąc się przed Żydami, walczę dla dzieła Pana"[205].

Ponieważ Stwórca jest właściwością miłości i obdarzania, wyjście Żydów z gett ujawniło ich oddalenie od tej właściwości. W konsekwencji zamiast przynosić solidarność i wzajemną odpowiedzialność w stosunku do przyjmujących ich społeczeństw rozprzestrzeniali egoizm, który rujnuje każde społeczeństwo, i dlatego spotykali się z nietolerancją i odepchnięciem niedługo po ich przyjęciu. Niemiecki filozof i antropolog Ludwig Feuerbach połączył Żydów z egotyzmem w następujący sposób: „Żydzi utrzymują swoją szczególność do dnia dzisiejszego. Ich zasada, ich Bóg to najbardziej praktyczna zasada na całym świecie, a mianowicie egoizm. Co więcej, jest to egoizm w postaci religii. Egoizm jest Bogiem, który nie pozwala swoim sługom odczuwać wstydu. Egoizm jest zasadniczo monoteistyczny, ponieważ posiada tylko jedno, tylko siebie, u swojego końca"[206].

Rzeczywiście, kto życzyłby sobie takiej groźby w swoim społeczeństwie? To właśnie ten egoizm powoduje, że każdy naród, w którym żyjemy, zaczyna przemyśliwać swoje decyzje, aby ostatecznie pożałować swojej otwartości wobec nas.

Jedna rzecz, jaka uczyniła Żydów wyjątkowymi i silnymi w czasach starożytnych, była ich jedność, ich altruizm i, jak wspomniano, była to jedyną rzeczą, jaką Abraham i Mojżesz chcieli dać światu. Początkowo narody witały nas pośród siebie, podświadomie mając nadzieję, że podzielimy się z nimi tą cechą. Jednak po odkryciu, iż dajemy im coś przeciwnego, ich radość zmieniała się w rozczarowanie i gniew. Tak długo, jak będziemy rozczarowywać narody, otrzymamy wciąż takie samo traktowanie z ich strony, a tendencja jest taka, że sposób, w jaki oni będą okazywać nam swoje rozczarowanie, stanie się jeszcze ostrzejszy.

Kraj nieograniczonych możliwości

Po zakorzenieniu się jako główna siła w Niemczech zreformowany judaizm rozprzestrzenił się w Stanach Zjednoczonych, na Węgrzech i w wielu krajach Europy Zachodniej. Był to wynik emancypacji niemieckich Żydów[207]. Podobny proces dyspersji miał miejsce w przypadku judaizmu konserwatywnego[208], a w połowie XIX wieku dwa wyznania stały się dominującymi siłami religijnym pośród Żydów w Stanach Zjednoczonych.

W pracy *Response to Modernity: A History of the Reform Movement in Judaism* (Odpowiedzi na nowoczesność: Historia ruchu reformacyjnego w judaizmie) profesor Michael A. Meyer z HUC pisze, iż podczas gdy zreformowany judaizm w Niemczech stale musiał bronić się zarówno przed ortodoksyjnym establishmentem, jak i interwencjami rządu, przeszkody tego typu nie istniały w Stanach Zjednoczonych. „Prawdą jest, że zarówno w kategoriach indywidualnych, jak i zbiorowych Amerykanie nie byli całkowicie wolni od uprzedzeń", Meyer dodaje, „ale w Stanach Zjednoczonych nie było rządowej kontroli religii, ani też konserwatywnego kościoła, który ustanawiał wzory życia religijnego"[209].

Tak więc zarówno zreformowany, jak i konserwatywny judaizm znalazł w Ameryce kraj nieograniczonych możliwości. Sposób myślenia, mający na celu zmieszanie się z gospodarzami głównie chrześcijańskiego pochodzenia, nareszcie znalazł żyzną glebę dla siebie, w której mógł spokojnie wzrastać. Według profesora Meyer'a: „Żydzi niemieccy nigdy naprawdę nie czuli się partnerami w kształtowaniu losów narodu, z którym tak bardzo się identyfikowali. Stany Zjednoczone były inne także w tym względzie. Tak jak większość narodów europejskich, Stany miały swoje własne, głębokie poczucie misji, ale misja ta spoczywała na przeznaczeniu nie tylko niespełnionym, ale nawet całkowicie niesprecyzowanym. W Ameryce zreformowani Żydzi mogli poczuć, że ich koncepcja misji może być wpleciona w większy, wciąż świeży cel narodowy"[210].

Rzeczywiście, z oczywistym wyjątkiem Izraela, wkład Żydów w kształtowanie się narodu nigdy nie był i nie jest nigdzie tak bardzo widoczny, jak w Stanach Zjednoczonych. Czy to gospodarka, rozrywka, edukacja, polityka lub dowolny inny aspekt życia amerykańskiego, Żydzi odgrywają w nim ważną, jeśli nie wiodącą rolę.

Nigdy w całej swojej historii Żydzi nie byli w lepszej sytuacji, aby spełnić rolę, do której zostali wybrani. Są osadzeni w każdym zakątku amerykańskiego życia publicznego i zakorzenieni w mediach, które określają kierunek dyskursu publicznego oraz opinii publicznej. Biorąc pod uwagę dominację kultury amerykańskiej na świecie, Żydzi mogą wpływać na zmiany, które będą miały wpływ na cały świat.

Innymi słowy, pomimo antagonizmu wobec Stanów Zjednoczonych, pochodzącego od innych potężnych narodów, kultura globalna, a więc standardy społeczne są głównie pochodzenia amerykańskiego. Przeważająca liczba filmów pochodzi z Ameryki, muzyka pop też pochodzi głównie z Ameryki, główne serwisy informacyjne są amerykańskie, a Internet jest zdominowany przez amerykańskie firmy, takie jak Google, Facebook, Microsoft oraz Apple. W pewnym sensie Ameryka jest dla świata tym, czym Nowy Jork jest dla Ameryki – jeśli uda ci się tam, uda ci się na całym świecie.

Amerykańscy Żydzi zatem ponoszą większą odpowiedzialność w kwestii oferowania tego, co powinni, aniżeli Żydzi mieszkający w innych krajach, być może z wyjątkiem państwa Izrael. Jeśli amerykańscy Żydzi się zjednoczą i rozpropagują wartości wzajemnego poręczenia, wtedy reszta amerykańskiego społeczeństwa pójdzie w ślad za nimi. Obecnie wielu Amerykanów rozumie, że zasady, na których oparty jest amerykański sen (American dream), nie sprawdzają się dłużej. Szerzący się egoizm i nadmierne poczucie własnych praw pożarły wszystko, co było dobre w wolności słowa, przedsiębiorczości, odnoszeniu sukcesów po ciężkiej pracy i życia według własnej wiary.

Istnieje tak wiele przemocy, nieufności, współzawodnictwa i wyzysku w amerykańskim społeczeństwie, że jeśli jakaś poważna zmiana szybko nie będzie miała miejsca, wtedy społeczeństwo ulegnie swoistej implozji. A jeśli tak się stanie, Żydzi, jak zawsze, będą uznawani za winnych. Argumenty, dotyczące wkładu Żydów do świata nauki, kultury i gospodarki, zostaną odrzucone, a Żydzi staną się oczywistymi winowajcami w oczach wszystkich ludzi. Antysemityzm, który pozostawał w ukryciu przez kilka pokoleń, z łoskotem wyjdzie na powierzchnię i nie można wykluczyć powtórzenia się horroru nazistowskich Niemiec.

Jak mogliśmy już przeczytać w tej książce, Żydzi oraz ci, którzy nimi nie są, mają świadomość tego, iż Żydzi w istocie stanowią pewną grupę zadaniową, jednostkę utworzoną do wykonania konkretnej misji. W roku 1976 Centralna Konferencja Rabinów Amerykańskich (CCAR) przyjęła platformę działania, która została nazwana „Reform Judaism: A Centenary Perspective" (Judaizm reformowany: perspektywa stulecia). Na bazie tej platformy konferencja ogłosiła: „Nauczyliśmy się, że przetrwanie narodu żydowskiego jest najwyższym priorytetem i że wykonując nasze żydowskie obowiązki, pomagamy ludzkości dojść ku swemu mesjańskiemu spełnieniu"[211].

Rzeczywiście, obecnie Żydzi są jedynym narodem, w którym spójność i wynikające z niej objawienie i osiągnięcie właściwości Stwórcy – właściwości obdarzania – są możliwe. Naszym „mesjańskim spełnieniem", bez względu na to, czy delegaci konferencji byli tego świadomi, czy też nie, jest, aby wszystkie narody osiągnęły taką właściwość i cieszyły się jej korzyściami. Dopóki nie spełnimy swojej roli, świat będzie stale obwiniał nas o każde nieszczęście i trudności, których doświadcza. A im bardziej będziemy starać się unikać naszej misji, tym bardziej gwałtownie zmuszą nas do niej.

Postać proroka Jonasza powinna być przypomnieniem dla każdego Żyda, iż nasze powołanie jest z góry ustalone i nie podlega negocjacjom. Możemy wypełniać go chętnie i czerpać z tego korzyści lub odnosić się do niego niechętnie i znosić kary ze strony świata, jak historia pokazała to już wielokrotnie.

W duchu wielkiego pragnienia końcowa część tej platformy trafnie zatytułowana jest „Nadzieja: nasz żydowski obowiązek". W tej części CCAR podejmuje znaczące zobowiązanie: „... nasz naród zawsze stawiał opór rozpaczy. Ocaleni z Holocaustu, otrzymawszy nowe życie, uchwycili się go, pielęgnowali je i, wznosząc się ponad tym nieszczęściem, pokazali ludzkości, że duch człowieczy jest nieugięty. Państwo Izrael… jest dowodem na to, *co zjednoczeni ludzie mogą osiągnąć w historii. Istnienie Żydów jest argumentem przeciw rozpaczy; ich przetrwanie jest gwarancją ludzkiej nadziei.*

Jesteśmy świadkami Boga, iż historia nie jest pozbawiona sensu. Stwierdzamy, że *z Bożą pomocą ludzie są w stanie wpłynąć na swoje przeznaczenie.* Zobowiązujemy się, podobnie jak robiły to całe pokolenia Żydów, którzy byli przed nami, *do pracy i oczekiwania na ten dzień, kiedy* 'Nie będą ranić i niszczyć na całej Mojej świętej górze, jako że *ziemia będzie pełna poznania Pana,* tak jak wody napełniają morze'"[212].

Rzeczywiście, cała historia, a szczególnie historia żydowska, nie jest pozbawiona sensu. Ma ona cel edukacyjny: nauczyć nas naszej roli w życiu i wskazać nam właściwą drogę, w odróżnieniu od drogi złej, drogę błogosławioną, a nie pełną cierpienia. Jednakże jest to nasz wybór, którą drogą chcemy podążać.

W swoim „Wstępie do Księgi Zohar" dwudziestowieczny kabalista Baal HaSulam odnosi się konkretnie do roli Żydów w tym czasie: „Pamiętajmy, iż we wszystkim istnieje część wewnętrzna i zewnętrzna. Ogólnie rzecz biorąc, Izrael – potomkowie Abrahama, Izaaka i Jakuba – są uważani za wewnętrzną część świata [najbliżej Stwórcy], a siedemdziesiąt narodów [reszta narodów] uważana jest za część zewnętrzną świata. …Ponadto istnieje wewnętrzna część w każdym człowieku Izraela – Izrael wewnątrz niego – która nazywa się punktem w sercu [pragnienie Stwórcy, obdarzania], a także jego zewnętrzna część – wewnętrzne Narody Świata [wszystkie inne pragnienia]…

Kiedy ktokolwiek z Izraela wzmacnia i uszlachetnia swoją wewnętrzną część, czyli Izrael w sobie ponad swoją część zewnętrzną, którą stanowią narody świata w nim... przez to właśnie człowiek ten sprawia, iż synowie Izraela wznoszą się wysoko w górę w swojej wewnętrznej części, a także w części zewnętrznej świata. Wtedy narody świata... uznają i potwierdzają wartość synów Izraela.

A jeśli, nie daj Boże, jest inaczej, czyli kiedy członek Izraela wzmacnia i docenia swoją zewnętrzną część, którą stanowią narody świata w nim, bardziej niż swój wewnętrzny Izrael, jak napisano (Pwt 28) 'Obcy, który jest pośród was', czyli że część zewnętrzna w człowieku powstaje i wznosi się i on sam także, wtedy jego część wewnętrzna – Izrael pogrąża się i spada w dół. Poprzez takie działania człowiek powoduje to, iż zewnętrzna część świata, czyli narody świata, wznoszą się jeszcze wyżej i pokonują Izrael, sprowadzając ich na ziemię, a synowie Izraela, wewnętrzna część świata, upadają głęboko w dół.

Niech was to nie dziwi, iż działania jednostki powodują wzniesienie lub upadek na całym świecie, gdyż jest to niezmiennym prawem, że ogół i szczegół są identyczne jak dwie krople wody. I wszystko, co tyczy się ogółu, ma zastosowanie także do szczegółu. Ponadto części tworzą to, co znajduje się w całości, ponieważ ogół może zaistnieć dopiero po pojawieniu się w nim części, według ilości oraz jakości tych elementów. Oczywistym jest, iż waga działania części podnosi lub powoduje upadek całości"[213].

Ponadto Baal HaSulam pisze: „Kiedy człowiek zwiększa swój wysiłek w wewnętrznej części Tory i jej tajemnicach (trudzi się, aby osiągnąć Stwórcę), do takiego stopnia człowiek powoduje, iż moc wewnętrznej części świata – którą jest Izrael – góruje nad zewnętrzną częścią świata, którą stanowią narody świata. A wtedy wszystkie narody uznają zasługi Izraela nad nimi aż do wypełnienia się słów: 'I wezmą ich ludy, i przyprowadzą ich na ich miejsce, a dom izraelski będzie nimi władał w ziemi Pana' (Iż 14,2), a także: 'Tak mówi Pan Bóg: Oto Ja podniosę moją rękę w stronę narodów i wysoko zatknę mój sztandar dla ludów; i przyniosą w swoich objęciach twoich synów, a twoje córki będą nieść na ramionach' (Izajasza 49,22).

Ale jeśli, nie daj Boże, jest inaczej, kiedy to członek Izraela degraduje moc tajemnic i wewnętrznej części Tory, która zajmuje się zachowaniem naszych dusz i ich stopniami (osiągnięciem Stwórcy i przekazywaniem tego osiągnięcia)... [narody] będą upokarzać i hańbić dzieci Izraela, i będą uważać Izrael za zbędny, jak gdyby świat wcale ich nie potrzebował"[214].

Kiedy tak się dzieje, dodaje: „Zewnętrzna część całego świata, którą stanowią narody świata, rośnie w siłę i anuluje dzieci Izraela – wewnętrzną część świata. W takich pokoleniach wszyscy niszczyciele spośród narodów świata podnoszą swe głowy i chcą przede wszystkim zniszczyć i zabić synów Izraela, jak napisano (Jewamot 63): 'Żadne nieszczęście nie spada na świat za wyjątkiem Izraela'. Oznacza to, jak napisano w powyższym wyjaśnieniu, iż powodują oni ubóstwo, ruinę, kradzieże, mordy oraz zniszczenie na całym świecie"[215].

Podsumowując, jeśli spełnimy naszą rolę i przekażemy całemu światu dobroczynne światło, właściwość Stwórcy, czyli tę część wewnętrzną, o której mówi Baal HaSulam, wtedy „wewnętrzna część narodów świata - Sprawiedliwy pośród narodów świata - pokona i podporządkuje sobie swoją zewnętrzną część, którą stanowią elementy destrukcyjne. A wewnętrzna część świata, którą jest Izrael, również wzniesie się w swoich zasługach i cnotach nad zewnętrzną częścią świata, którą są narody. Wtedy to wszystkie narody świata staną się świadome zasług Izraela i uznają je.

I będą podążać za słowami (Iz 14,2): 'I wezmą ich ludy, i przyprowadzą ich na ich miejsce, a dom izraelski będzie nimi władał w ziemi Pana', a także (Iz 49,22): 'I przyniosą w swoich objęciach twoich synów, a twoje córki będą nieść na ramionach'"[216]. (Powtórzenie cytatów jak w tekście oryginalnym.)

Może się to wydawać niezmiernie trudnym zadaniem dla tak małej liczby ludzi, aby dokonać tak wielkich zmian na świecie, ale po prawdzie sukces czy też porażka naszych wysiłków zależy jedynie od jednej rzeczy - naszej jedności. Tak więc, aby przypomnieć sobie o nadrzędnej roli, jaką odgrywa jedność w osiągnięciu naszego sukcesu jako narodu i w powodzeniu naszej misji, następny rozdział będzie poświęcony słowom naszych mędrców, którzy na przestrzeni wieków opisywali swoje przemyślenia na temat jedności. Następnie przeanalizujemy środki, za pomocą których możemy osiągnąć tę jedność.

ROZDZIAŁ 8
Na zawsze razem

Jedność, jedność i jeszcze raz – jedność

Jak już wielokrotnie mówiono w całej tej książce, jedność jest „ubezpieczeniem" Izraela przed wszelkim złem, ostatecznym panaceum. A jednak do czasów współczesnych nasz egotyzm tak bardzo się rozwinął, iż nie jesteśmy w stanie już dłużej utrzymywać tej jedności, chyba że od niej zależy nasze przetrwanie. Mankament ten zauważyli zarówno nasi przyjaciele, jak i wrogowie.

W artykule opublikowanym w czerwcu 1940 r. Baal HaSulam zauważył, że nasze problemy wynikają z braku jedności. Napisał on, iż jesteśmy „niczym worek orzechów, połączonych ze sobą w jedno ciało tylko poprzez worek, który je owija i trzyma razem"[217]. Jednakże, jak dodaje: „Taka miara jedności nie czyni z nich jednolitego ciała i nawet najmniejszy ruch worka powoduje hałas i rozłam pomiędzy nimi, przez co dochodzi do kolejnych częściowych połączeń i oddzielenia. Wszystko, czego tutaj brakuje, to naturalne zjednoczenie od wewnątrz, gdyż siła ich jedności wynika tylko z sytuacji zewnętrznych. Jeśli chodzi o nas, przekłada się to na bardzo bolesną kwestię"[218].

W rozdziale 5 wspomnieliśmy o eseju Baala HaSulama zatytułowanym „Istnieje pewien naród", w którym pisze, iż Haman wykorzystał oddzielenie Żydów od siebie wzajemnie jako klucza do zwycięstwa nad nimi. Haman wiedział, że podział między nimi oznacza, iż zostali oni również oddzieleni od Stwórcy, właściwości obdarzenia - siły, która tworzy rzeczywistość. Z tego powodu Haman wierzył, że może wykorzystać słabość Żydów, aby ich zniszczyć. Ku wielkiemu jego ubolewaniu Mordechaj postrzegał to niebezpieczeństwo równie dobrze jak Haman i „udał się, by naprawić tę przypadłość, jak wyjaśniono w wersecie 'zgromadzili się Żydzi' itp., 'aby zebrać się walczyć o swoje życie'. Oznacza to, iż uratowali się właśnie przez swoje połączenie"[219].

Bardziej współczesny „Haman", Adolf Hitler, również zauważył tę cechę jedności Żydów oraz jej brak w ówczesnej żydowskiej społeczności. W *Mein Kampf* Hitler pisał: „Żydzi jednoczą się tylko wtedy, gdy zmusza ich do tego jakieś niebezpieczeństwo lub przyciąga potencjalna wspólna zdobycz; jeśli te dwa powody nie są obecne, ogarniają ich cechy beznadziejnego egoizmu i w mgnieniu oka zjednoczeni ludzie zamieniają się w hordę szczurów, krwawo walczących pomiędzy sobą"[220].

Dlatego zanim przejdziemy do dyskusji na temat tego, w jaki sposób możemy osiągnąć jedność i tym samym zapobiec przyszłym nieszczęściom, takim jak te, których doświadczył nasz lud przez ostatnie pokolenia, rozdział ten poświęcony zostanie na zacytowanie rabinów i uczonych żydowskich wszystkich pokoleń. Będą one przypominać nam o ścisłej umowie, dotyczącej najwyższego znaczenia jedności i solidarności. Ponieważ naszą zasadniczą materią jest pragnienie otrzymywania, stąd, aby osiągnąć sukces w zjednoczeniu, ważnym jest, abyśmy najpierw zaczęli pragnąć tej jedności - nawet jeśli miałaby być ona tylko jako tarcza przeciwko uciskowi - zanim zaczniemy ją ustanawiać. Poniżej znajdują się inspirujące słowa naszych mędrców.

Jedność - serce i dusza Izraela

Chociaż Beit Shamai i Beit Hillel spierali się ze sobą, oni traktowali siebie nawzajem z sympatią i przyjaźnią, aby zachować to, co zostało powiedziane (Zachariasz 8): „Kochajcie prawdę i pokój".

Talmud Babiloński, *Jewamot*, rozdział 1, str. 14b

W Izraelu tkwi tajemnica jedności świata. Dlatego nazywa się ich „ludźmi".

Raw Abraham Izaak HaCohen Kook (Raiah),
Orot HaKodesh (Światła Świętości), tom 2, str. 415

Zostało ustanowione na Górze Synaj, iż dzieci Izraela stały się jednym narodem. Dlatego jest napisane: „Ja", w liczbie pojedynczej, ponieważ w miarę jedności między nimi Jego Boskość obecna jest nad dziećmi Izraela.

> Yehuda Leib Arie Altar (ADMOR of Gur),
> *Sefat Emet* (Prawdomówne usta), *WaJikra* (Kapłańska),
> *Parszat BaHar* (Na górze), *TARLAV* (1893)

Wiadomo, iż z perspektywy umysłu każdy człowiek jest jednostką... ale z perspektywy serca istnieje jedność w Izraelu.

> Rabbi Szmuel Bornstein, *Shem MiSzmuel*
> (Imię z Samuela), *Szemot* [Wyjścia],
> *TAR'AH* (1915)

Kiedy Izrael wszedł do ziemi, byli oni całkowicie jednym narodem. Dowodem na to jest to, że dopóki Izrael nie przekroczył Jordanu i nie dotarł do ziemi, nie byli karani... dopóki nie przekroczyli i nie stali się odpowiedzialni za siebie nawzajem.

Tak więc Izrael nie stał się odpowiedzialny za siebie nawzajem, ponieważ ten nazywa się *Arew* (poręczyciel/odpowiedzialny), kiedy jest on *Meoraw* (wmieszany/wtopiony) z innym, a Izrael nie stał się połączony w całkowicie jeden naród, dopóki nie dotarli do ziemi i przebywali razem na ziemi, i mieli oni jedno miejsce - ziemię Izraela. A poprzez ziemię Izraela stanowią oni całkowicie jeden naród.

> Juda Loewe ben Bezalel (Maharal z Pragi), *Eternal Paths*
> (Wieczne ścieżki), „Ścieżka Sprawiedliwego", rozdział 6

Ponieważ 600 000 dusz Izraela jest związanych ze sobą niczym spleciony sznur, zjednoczonych jako jedno bez oddzielenia, jeśli potrząśniesz początkiem napiętej liny, tym samym potrząśniesz nią całą. Dlatego, jeśli jeden człowiek zgrzeszy, gniew pojawi się nad całym zgromadzeniem. Powodem tego jest, iż cały Izrael jest odpowiedzialny za siebie nawzajem.

Ktoś, kto kazi, plami wszystkie dusze Izraela, dopóki nie powróci, aby naprawić to, co zepsuł w swojej duszy. ...Oznacza to, że ponieważ części odnoszą się do siebie wzajemnie, nie mogą zostać rozdzielone.

Rabin Elijahu Di Widasz, *Beginning of Wisdom* (Początek mądrości), „Brama Strachu", rozdział 14

Dusza wznosi się i staje się kompletna przede wszystkim wtedy, gdy wszystkie dusze mieszają się ze sobą i stają się jednością, ponieważ wtedy wznoszą się ku świętości, jako że świętość jest jedna. ...Dlatego najpierw należy przyjąć przykazanie: „Miłuj bliźniego swego jak siebie samego", jak napisał nasz Raw, iż niemożliwym jest wypowiadanie słów modlitwy w inny sposób niż tylko poprzez pokój, kiedy łączymy się ze wszystkimi duszami Izraela.

Rabin Nathan Sternhertz, *Likutey Halachot* (Wybrane prawa), „Prawa synagogi", Prawo nr.1

Chociaż ciała całego Izraela są rozdzielone, ich dusze stanowią jedność u swojego korzenia. ...Oto dlaczego Izraelowi nakazano jedność serc, jak napisano: „I tam rozbił swój obóz Izrael", w liczbie pojedynczej (w języku hebrajskim), co oznacza, że stan ich odpowiadał poniżej, czyli że stanowili oni jedność.

Rabin David Solomon Eibenschutz,
Willows of the Brook, Nassoh [Take]

Izrael nie otrzymał Tory (Prawa obdarzania), zanim nie osiągnął pełnej jedności, jak pisaliśmy odnośnie wersetu (Wj 19,2): „Izrael zaś rozbił się obozem przed górą". Mojżesz także nie otrzymałby Jej wcale, jak powiedzieli nasi mędrcy (*Berachot* [Błogosławieństwa], 32a), iż Stwórca powiedział Mojżeszowi w kwestii cielca: „Zstąp ze swej wielkości, gdyż dałem ci wielkość tylko dla Izraela".

Rabbi Mosze Alsheich, *Prawo Mojżesza,*
dotyczące *Powtórzonego prawa,* 33:4-5

Kiedy Izrael posiada jedność, nie ma końca ich osiągnięciom.

Rabin Elimelech Weisblum z Leżajska,
Noam Elimelech (Przyjemność Elimelecha), Pinehad

„Jerozolima, która jest zbudowana jako miasto połączone" (Psalm 122,3) - miasto, które czyni z całego Izraela przyjaciół.

Talmud Jerozolimski, *Hagigah*, rozdział 3, zasada 6

Wy, przyjaciele, którzy jesteście tutaj, tak jak wcześniej trwaliście w czułości i miłości, odtąd nie będziecie się wzajemnie rozdzielać, aż Pan będzie radować się z wami i ogłosi nad wami pokój. Dzięki waszej zasłudze zapanuje pokój na świecie, jak napisano: „Ze względu na moich braci i przyjaciół będę mówił: 'Niech pokój będzie w was'".

Raw Jehuda Aszlag (Baal HaSulam),
Księga Zohar z komentarzem Sulam, Aharei Mot
(Po śmierci), pozycja 66

Zjednoczenie - zbawienie Izraela

Pierwszorzędną linią obrony przed nieszczęściem jest miłość i jedność. Kiedy istnieje miłość, jedność i przyjaźń pomiędzy członkami Izraela, żadne nieszczęście nie może im się przytrafić. ...Nawet jeśli czczą bożków, ale jest więź między nimi i nie ma oddzielenia serc, cieszą się oni pokojem i spokojem i nie ma wtedy szatana ani innego złoczyńcy, a wszystkie przekleństwa i cierpienia są odsuwane przez tę [jedność].

Oto znaczenie tego, co zostało powiedziane: „Stoicie w tym dniu, wy wszyscy". Oznacza to, że chociaż słyszeliście bicie pałek przymierza, które zapisane są powyżej, stoicie mimo wszystko i zostaniecie przebudzeni przez waszych liderów, sędziów, starszych, urzędników i wszystkich mężów Izraela, będących jednym sercem i miłością... Dzięki tej więzi będziecie mogli przechodzić przez rząd tych pałek, a one nie dosięgną was, ani was nie skrzywdzą.

„Aby On ustanowił was dzisiaj jako swój lud" oznacza, że poprzez to przebudzicie się i zostaniecie wybawieni od wszystkich nieszczęść. Potem powiedział do nich: „Teraz nie tylko z wami zawieram to przymierze", co oznacza, iż zbawienie od jakiejkolwiek krzywdy poprzez więź nie zostało obiecane tylko pokoleniu Mojżesza. Raczej: „Ale z tymi, którzy dzisiaj stoją tutaj z nami… i z tymi, których dzisiaj z nami nie ma", czyli że zostało to obiecane wszystkim przyszłym pokoleniom, aby mogły przejść przez wszystkie pałki przymierza i aby nie zostały skrzywdzone dzięki jedności i więzi, która będzie między nimi.

Rabbi Kalonymus Kalman Halevi Epstein,
Maor WaSzemesz (Światło i Słońce), *Nicawim* (Stojąc)

Każdemu pokoleniu nakazuje się wzmacniać jedność między nami, aby nasi wrogowie nami nie rządzili.

Rabin Elijahu Ki Tov, *Księga świadomości*, rozdział 16

Pan rzekł do Dawida: „Kiedy trudności przyjdą do Izraela za ich niegodziwości, niech staną przede Mną w jednej społeczności i niech wyznają swoje niegodziwości przede Mną… Kiedy Izrael zgromadzi się przede Mną i stanie przede Mną w jednej społeczności, i zmówi przede Mną modlitwę o przebaczenie, udzielę go im".

Tanna Devei Elijahu Zuta, rozdział 13

Kiedy ktoś wtapia się w cały Izrael i dokonuje się jedność, Pan jest obecny w tej jedności. Wtedy to nie przydarzy się wam żadna krzywda.

Rabin Menahem Nahum z Czarnobyla,
Maor Eynaim (Światło Oczu), *WaJeceh* (I Jakub Wyszedł)

Kiedy oni [Izrael] kłócą się, a mimo to jest pośród nich jedność, wtedy jedność jest tym bardziej cenniejsza. Oto dlaczego „Moab bardzo bał się ludu", ponieważ chociaż kłóci się on, jednak wciąż jest On (forma pojedyncza), stąd też „wielki strach".

Rabin Mosze Taitelboim,
Jiszmach Mosze [Niech Mojżesz się raduje], Balak, s.71b

Dlatego też powiedział on: „Zbierzcie się i posłuchajcie, synowie Jakuba", właśnie „Zbierzcie się", gdyż objawił im, iż zasadniczym elementem naprawy jest rada, aby zebrali się, co oznacza, że będzie jedność, miłość i pokój w Izraelu, że zbiorą się, aby rozmawiać ze sobą o celu ostatecznym. W ten sposób zostaną nagrodzeni pełnią tej rady, albowiem Izrael i Tora (Prawo obdarzania) są jednym według miary pokoju i jedności w Izraelu.

Rabin Nathan Sternhertz, *Likutey Halachot*
(Wybrane prawa), „Prawo dziewiątego
Av i postu", Prawo nr.4

Tak więc Izrael będzie świętym zgromadzeniem i jedną społecznością, jako jeden człowiek z jednym sercem. Wtedy, kiedy jedność odbuduje Izrael, jak poprzednio,

Szatan nie będzie miał miejsca na umieszczenie błędu oraz sił zewnętrznych. Kiedy są oni jednym człowiekiem z jednym sercem, są niczym mury obronne przeciw siłom zła.

Rabbi Szmuel Bornstein, *Shem MiShmuel*
(Imię z Samuela), *VaJakhel*
(I Mojżesz połączył), *TAR'AV* (1916)

Jest to wzajemne poręczenie, na którym Mojżesz pracował tak ciężko przed swoją śmiercią, aby zjednoczyć dzieci Izraela. Cały Izrael jest dla siebie wzajemnie gwarantem [odpowiedzialnymi za siebie nawzajem], czyli że kiedy są wszyscy razem, widzą tylko dobro.

Rabin Simcha Bonim Bonhart z Przysuchej,
Rozchodzący się głos, część 1, Balak

Wszystkie dusze Izraela są w pełnej jedności i na tym samym poziomie, jak karawana wędrująca po pustyni pośród złych bestii z bronią oraz innymi taktykami walki, ale złe bestie boją się do nich zbliżyć. Ale kiedy wyruszyli z miejsca, w którym się zatrzymali, pewien człowiek pozostał tam sam i natychmiast został zabity przez zwierzęta, ponieważ odłączył się od swojej grupy.

Rabin David Solomon Eibenschutz,
Willows of the Brook (powiązane z
Rosz Ha-Szana, które ma miejsce w Szabat)

Podstawą niegodziwości złego Hamana, na której zbudował on swoją prośbę do króla, aby ten sprzedał mu Żydów... jest to, za pomocą czego zaczął argumentować: „Jest pewien lud rozproszony i rozdzielony" itd. Objawił swoje plugastwo, mówiąc, że ten naród zasługuje na zniszczenie, ponieważ rządzi nimi rozdzielenie, a oni sami są pełni konfliktów i kłótni, gdyż ich serca są dalekie od siebie. Jednakże dokonał On uzdrowienia przed uderzeniem (podjął środki zapobiegawcze)... przez ponaglenie Izraela, aby się zjednoczył i przylgnął do siebie nawzajem, po to aby wszyscy stali się jednym, jako jednym człowiekiem i to właśnie ich uratowało, jak w wersecie: „Idź, zbierz wszystkich Żydów".

Rabbi Azarja Figo, *Binah Leltim*
(Zrozumienie na specjalne okazje), część 1,
kazanie 1 na Purym

Ponieważ zgrzeszyli, ta siła jedności została odebrana niegodziwym i ofiarowana dzieciom Izraela... To jest wielkie miłosierdzie, o którym powinniśmy zawsze pamiętać. Powinniśmy też mu ufać, ponieważ nasza intencja jest dobra, z pewnością odniesiemy sukces, ponieważ siła jedności... pomaga nam.

Jehuda Leib Arie Altar (ADMOR z Gur), *Sefat Emet*
(Prawdomówne usta), *Bereszit* (Rodzaju), *Parsza Noah*
(Część Noe), TARLAV (1875)

Sprawa jedności społecznej, która może być źródłem wszelkiej radości i sukcesu, odnosi się szczególnie do ciał i spraw cielesnych w ludziach, a rozdzielenie pomiędzy nimi jest źródłem każdej tragedii oraz nieszczęścia.

Raw Jehuda Aszlag (Baal HaSulam),
Pisma Baala HaSulama, „Wolność", str. 426

Jedność oznacza zbawienie

Eliasz przychodzi tylko po to, by naprawić niedoskonałość, który był obecny w chwili jego przybycia. Oto dlaczego Eliasz przychodzi przede wszystkim po to, aby rozstrzygnąć spór, gdyż to z pewnością jednoczy Izrael, aż będą oni godni wybawienia od wygnania. Dzieje się tak dlatego, że Izrael nie będzie wykupiony z wygnania, aż nie stanie się całkowitą jednością, jak zostało to powiedziane w Midraszu, iż Izrael nie zostanie wybawiony, aż nie stanie się jednym.

Judah Loewe ben Bezalel (Maharal z Pragi),
Innowacje legend, część 4, Masechet Matrimony, s. 63

Jest cudowną rzeczą, iż dwaj prorocy poczynili bardzo ważne proroctwo, dotyczące czasu odkupienia: „I dam im jedno serce" (Jeremiasz 32,39, Ezechiel 11,19). Rzeczywiście, wiedzieli, o czym prorokują; diabeł oddzielenia serc czyhał na nasz naród od niepamiętnych czasów.

Abraham Kariv, *Atarah LeJosznah*
(Przywracanie starej chwały), „Stan i duch", str. 251

Oczywistym jest także, iż ogromny wysiłek, jaki jest od nas wymagany na tej wyboistej drodze, wymaga jedności tak silnej i trwałej jak stal ze strony wszystkich odłamów narodu bez żadnych wyjątków. Jeśli nie wyjdziemy zjednoczonymi szeregami naprzeciw potężnym siłom, stojącym na naszej drodze, będziemy skazani na śmierć, zanim jeszcze zaczniemy.

Raw Jehuda Aszlag (Baal HaSulam),
Pisma Baala HaSulama, „Naród", str. 487

ROZDZIAŁ 9
Mówiąc w liczbie mnogiej

Kreowanie spójności społecznej poprzez środowisko

Prześladowanie i antysemityzm, czy też jego bardziej współczesne określenie - judeofobia były dolą naszego ludu przez (przynajmniej) ostatnie dwa tysiąclecia. A jednak, jak mogliśmy przeczytać w tej książce, nienawiść do Żydów nie wzięła się znikąd. Jest ona zakorzeniona w podstawowym, choć zazwyczaj nieświadomym żądaniu każdej ludzkiej istoty, aby Żydzi wprowadzili ich w realizację celu życia: przyjęcia bezgranicznej radości i przyjemności.

Do tej pory omówiliśmy cel i rolę narodu żydowskiego, oraz przyczynę naszej udręki na przestrzeni wieków. Od tego momentu będziemy omawiać zasady, jakich musimy przestrzegać, aby osiągnąć nasz cel, który zbiega się z celem całej ludzkości.

Dążenie do wyższości

W Rozdziale 2 przedstawiliśmy słowa naszych mędrców, dotyczące fundamentalnych pragnień u podstaw stworzenia oraz czterech poziomów, które tworzą pragnienie otrzymywania. Krótko rzecz biorąc, powiedzieliśmy, iż rzeczywistość składa się z pragnienia obdarzania przyjemnością i pragnienia, aby ją otrzymać. Dowiedzieliśmy się od tych mędrców, że pragnienie otrzymywania przyjemności dzieli się na cztery poziomy, znane jako „nieożywiony", „roślinny", „zwierzęcy" i „mówiący". Jednakże wciąż jest to zasadniczo jedno pragnienie, które 'przywdziewa inny strój' na różnych poziomach rozwoju.

Na przykład najbardziej podstawowym pragnieniem istnienia jest przetrwanie. Na poziomie ludzkim pragnienie to może wystąpić jako zadowolone z mieszkania, choćby nawet byłby to tylko barak blaszany, oraz środki niezbędne to tego, aby się ogrzać, ubrać i wyżywić. Jest to poziom nieożywiony pragnienia. Tak jak w przypadku materii nieożywionej, która utrzymuje swoje atomy i cząsteczki razem, ale niewiele poza tym, człowiek na tym poziomie pragnienia będzie chciał jedynie utrzymać siebie, pozornie „utrzymując swoje atomy i cząsteczki razem" i niewiele więcej.

Na poziomie roślinnym pragnienia otrzymywania człowiek będzie chciał żyć na takim samym poziomie, jak wszyscy inni.

Ponieważ wszystkie rośliny danego gatunku kwitną i więdną w tym samym czasie, taki człowiek będzie chciał być taki sam jak wszyscy w jego mieście lub wiosce lub też podążać za najnowszym trendem, zobaczonym w telewizji.

Jeśli wszyscy są biedni wokół niego, to ta osoba nie będzie czuć się biedna, oczywiście, dopóki jej poziom życia będzie równy poziomowi życia całego środowiska. A jeśli nowym trendem w ubieraniu się będzie noszenie lewego buta na prawej stopie i na odwrót, człowiek na poziomie roślinnym będzie czuć się bardziej komfortowo, nosząc niewłaściwy but na niewłaściwej stopie tak długo, jak jest to zgodne z dominującym trendem w modzie.

Człowiek na poziomie zwierzęcym różni się od człowieka na poziomie roślinnym tym, że zaczyna poszukiwać sposobu wyrażenia siebie. Taka osoba nie jest już zadowolona z bycia jak wszyscy inni, lecz musi ustalić swoją indywidualność. W przeważającej większości przypadków poziom ten prowadzi do większej kreatywności i rozróżnienia w przedmiocie wyboru tej osoby.

Poziom mówiący (ludzki) jest najbardziej złożony i zawiły. Na tym poziomie nie wystarczy wyrazić samego siebie, lecz pragnieniem jest, aby być *lepszym* od innych. Jest to pragnienie, które sprawia, że ludzie chcą być uznawani za *wyjątkowych*, a nawet niepowtarzalnych. Innymi słowy, na tym poziomie nieustannie *porównujemy* siebie do innych.

Co więcej, w dzisiejszych czasach nie możemy już zadowolić się byciem w czymś najlepszym; staramy się być najlepsi *zawsze*. Pomyślmy o statystykach sportowych, o których ciągle słyszymy: o planach Michaela Phelps'a, aby pobić rekord

Marka Spitz'a, zdobywcy siedmiu złotych medali w pływaniu na Igrzyskach Olimpijskich w 1972 roku, czy też o próbach zrównania się koszykarzy do poziomu Michaela Jordana, lub też o dążeniu Rogera Federera, aby wygrywać kolejne tytuły tenisowe, mimo to, że wygrał już więcej turniejów Wielkiego Szlema niż ktokolwiek przed nim, a jednak nadal niepokoi go fakt, że nie zdobył jeszcze złotego medalu olimpijskiego[221].

Sport może być rzucającym się w oczy przykładem, ale z pewnością nie jest wyjątkiem, lecz raczej normą. Film, który zarobił najwięcej pieniędzy w pierwszym tygodniu emisji; album, który sprzedał się w największej ilości egzemplarzy; firma, która sprzedaje najwięcej telefonów, komputerów, samochodów - rywalizacja i porównywanie siebie z innymi są obecne wszędzie. Zapytaj ucznia szkoły średniej: „Czy dobrze sobie radzisz w szkole?", a prawdopodobnie dostaniesz odpowiedź w stylu: „Jestem w czołówce swojej klasy" (zakładając, że pytałeś dobrego ucznia). Zatem bycie dobrym nie jest już wystarczająco dobre; *wyższość* nad innymi stała się mottem naszego życia. Nazywamy to „byciem kimś". Bycie sobą nie jest wystarczająco dobre; jeśli nie jestem *kimś*, jestem nikim.

Jest taka chasydzka przypowieść o rabinie Meszulamie Zuszy z Hanipola (Anipoli), bracie słynnego rabina Elimelecha z Leżajska, jednego z założycieli chasydyzmu. Rabin Zusza zwykł mawiać: „Kiedy pójdę do nieba, jeśli mnie zapytają: 'Dlaczego nie byłeś Elimelekem (poważany brat Zuszy)?', będę wiedział, co powiedzieć. Ale jeśli zapytają mnie: 'Dlaczego nie byłeś Zuszą?', wtedy nie będę wiedział, co powiedzieć"[222]. Morał jest jasny - bądź sobą i urzeczywistniaj swój potencjał; jest to tym, co musisz w życiu robić.

Jednakże rabin Zusza żył w XVIII wieku. Dzisiaj taki morał byłby nie do przyjęcia, ponieważ nie liczy się to, kim jesteś, ale to, kim jesteś *w porównaniu z innymi*, twoja pozycja w hierarchii. Kiedy główne motto społeczeństwa jest tak odpychające i antyspołeczne, nic dziwnego, że nasze społeczeństwo ulega rozpadowi.

Od 'Ja' poprzez 'My' do 'Jeden'

Przy naszej obecnej wiedzy na temat ludzkiej natury jasnym jest, iż nie możemy uniknąć tej konkurencyjnej i alienującej postawy, ponieważ pochodzi ona z naszego wnętrza i jest podyktowana przez czwarty, mówiący poziom pragnienia, a nie możemy powstrzymać ewolucji pragnień, tak jak nie możemy powstrzymać ewolucji całej Natury jako takiej. Ponadto, jeśli mamy osiągnąć cel stworzenia stania się podobnymi do Stwórcy, będziemy potrzebować silnego pragnienia jako paliwa, które popchnie nas do przodu, co oznacza, iż nie możemy zmniejszać ani dusić naszych pragnień, gdyż wtedy nie osiągniemy celu naszego życia.

A jednak brak możliwości powstrzymania nasilenia się naszych egocentrycznych pragnień nie oznacza, że musimy ulec zjawisku pogarszania się stosunków międzyludzkich na wszystkich poziomach. Nasze społeczeństwo nie musi dojść do punktu, w którym wszystko, co będziemy w stanie zrobić, to poczynić duże zapasy, ukryć się i przyczaić w oczekiwaniu na jakiś cud, który uchroni nas od innych ludzi.

Faktem jest, że nawet jeśli próbowalibyśmy się w jakiś sposób schronić, to smutna historia naszego narodu pokazuje, a prawo Natury nakazuje, iż narody świata nie pozwolą pozostać nam biernymi. Kiedy pojawiają się kłopoty, pewnym jest, iż Żydzi znów będą za to winni, a co za tym idzie - prześladowani, być może w sposób gorszy niż kiedykolwiek wcześniej. Jednakże w przeciwieństwie do poprzednich bolesnych doświadczeń obecnie możemy zrobić wiele, aby temu zapobiec.

Przypomnijmy sobie pierwszego „Ego-wojownika"

Kiedy poziom mówiący pragnień pojawił się po raz pierwszy jako ludzki egoizm, Babilon był w rozkwicie, a Abraham był tym, który miał próbować rozwiązać tajemnicę społecznego upadku swego ludu. Mieszkańcy Babilonu byli tak zaangażowani w budowanie swojej wieży, iż całkowicie porzucili wzajemną zażyłość. Nie było już „jednego języka i jednej mowy" (Rdz 11,1), a wszystko, na czym im zależało, to była właśnie wieża.

Książka pod tytułem „Pirkey de-Rabbi Eliezer" (Rozdziały rabina Eliezera) ukazuje rozczarowanie Abrahama odnośnie nowej namiętności jego ludu: „Rabbi Pinhas mówi, że nie było tam kamieni [w Babilonie] na zbudowanie miasta i wieży. Co więc zrobili? Wyrabiali cegły i wypalali je jak rzemieślnicy, dopóki nie zbudowali [wieży] na wysokość siedmiu mil. Ci, którzy przynosili cegły, wspinali się ze wschodu, a ci, którzy zstępowali z niej, schodzili po stronie zachodniej. A jeśli jakiś człowiek spadł i zabił się, nie zwracano na niego uwagi. Jednak kiedy spadła cegła, wtedy siadali i zawodzili, mówiąc: 'Kiedy to inna pojawi się zamiast niej?' Kiedy Abraham, syn Teraha, przechodził obok i zobaczył ich budujących miasto oraz wieżę, przeklął ich w imię Boga"[223].

Ale Abraham uczynił więcej, aniżeli tylko przeklinanie budujących. Najpierw próbował naprawić rozdzielenie i zebrać razem ludzi. *Midrasz Raba* mówi nam, że Abraham zgromadził wszystkich ludzi na świecie[224], a rabbi Behayei Ben Aszer mówi nam, jak obnażył on udawanie Nimroda w kwestii jego boskich mocy. W swoim Midrasz, *Rabeinu* (nasz Raw) *Behajei*, pisze: „[Nimrod] rzekł do niego: 'Stworzyłem ziemię i niebo moją mocą'. Abraham odpowiedział: '...Kiedy wyszedłem z jaskini, ujrzałem wstające słońce na wschodzie i zachodzące po stronie zachodniej. Spraw, aby wstawało ono na zachodzie i zachodziło na wschodzie, a Ja się wtedy tobie pokłonię. Ale jeśli nie, ten, który dał mi siłę, by spalić posągi, da mi również siłę, abym cię zabił'. Nimrod zapytał swoich doradców: 'Jaka ma być kara dla niego?' Odpowiedzieli: 'On jest tym, o którym mówiliśmy: Naród wyjdzie z niego i odziedziczy ten świat oraz przyszły świat. A teraz, tak jak on wydał wyrok, tak mu uczynimy'. Szybko więc wrzucili go do pieca. W tym czasie Pan okazał jemu miłosierdzie i wybawił go, jak napisano: 'Ja jestem Pan, który wyprowadził cię z Ur chaldejskiego'"[225].

Po gorącej debacie z królem Abraham zabrał swoją rodzinę, swoich uczniów, swój dobytek i uciekł z Babilonu. Po drodze zabierał ze sobą ludzi, którzy zgadzali się z jego przesłaniem: „W obliczu egoizmu jednoczcie się ponad nim". Innymi słowy, kiedy pojawia się nienawiść wśród przyjaciół, obierzcie wtedy wspólny cel objawienia Stwórcy - właściwości obdarzania, podstawowej siły, która tworzy rzeczywistość - ważniejsza od rywalizujących ze sobą stron, a tym samym zjednoczcie się ponad rywalizacją. Premią za takie uczynki jest wzmocniona jedność, późniejsze nabycie właściwości obdarzania przez dawnych przeciwników, a w konsekwencji odkrycie Stwórcy.

Powyższe zdanie opisuje istotę połączenia, naprawę podziału, z którą Abraham usiłował podzielić się ze swoimi ludźmi. I to meritum sprawy - jedność ponad różnicami, która wzmacnia spójność i (jeśli tego chcesz) odkrywa Stwórcę - nigdy się nie zmieniło. W rzeczywistości *nigdy* się ono nie zmieni, ponieważ jest to Prawo Obdarzania Natury.

Jak wspomniano we wstępie do tej książki, grupie Abrahama udało się zjednoczyć i rozrosnąć do rozmiaru tego, co stało się narodem Izraela, narodem, którego wspólną cechą jest pragnienie Stwórcy. Poprzez jedność ponad różnicami, jak wyjaśniono w rozdziale 1, Izrael opracował metodę, dzięki której można przesunąć swoje myślenie z trybu „ja" do trybu „my", dostrzegając w ten sposób „Jedynego", czyli Stwórcę.

Tak więc podczas gdy Izrael stawał się coraz mocniejszy, wykorzystując swoją jedność ponad egoizmem, reszta świata doświadczała epizodów triumfów oraz upadków, z imperiami, które powstawały i upadały, oraz hedonistyczną kulturą pobłażania sobie, jaka w nich przeważała. Z tego powodu nawet dzisiaj, w najbardziej hedonistycznej ze wszystkich epok, monoteizm Abrahama jest dominującym pojęciem bóstwa, podczas gdy Wieża Babilonu jest symbolem ludzkiej zarozumiałości i szaleństwa.

Właśnie dlatego jedynymi, którzy potrafią nauczyć świat, w jaki sposób można stać się tak mądrym jak Abraham, są ci, którzy byli jego uczniami, dzieci Izraela, znani na całym świecie jako Żydzi. Ta mądrość była dla nich spuścizną Abrahama, a przekazywanie jej, tak jak on to czynił, jest ich obowiązkiem wobec świata.

Dziedzictwo Wojownika pozostawione jego potomstwu

W dzisiejszych czasach wystarczająco dużo ludzi rozumie, że jedynym sposobem na uniknięcie globalnej katastrofy jest zjednoczenie. Można je nazwać innymi określeniami, takimi jak „współpraca", „koordynacja" lub „wyrozumiałość", ale bez względu na nazwę można śmiało powiedzieć, iż rozumiemy już dobrze, że jesteśmy współzależni i wzajemnie ze sobą powiązani. Rzeczywistość tworzy sytuację, w której jesteśmy de facto zjednoczeni w ramach wszystkich naszych globalnych systemów. Jednak w takim stopniu, w jakim jesteśmy ze sobą połączeni, jesteśmy jednocześnie emocjonalnie wyalienowani i oburzeni aktualną sytuacją.

Jednym ze sposobów poradzenia sobie z tym kontrastem jest próba „deglobalizacji" samych siebie. Chociaż nie ulega wątpliwości, że zerwanie łańcucha dostaw z krajów rozwijających się i wytwarzanie wszystkiego we własnym kraju spowoduje ogromne wyzwania gospodarcze i finansowe, niektórzy mogą powiedzieć, iż jest to warte swojej ceny. Być może tak jest w istocie, ale nikt nie zaprzecza, że izolacjonizm będzie czymś bardzo kosztownym. Co więcej, w opinii niektórych specjalistów to pojęcie jest całkowicie nierealistyczne. Ekonomista Mark Vitner na przykład opisał próbę zerwania globalnych powiązań jako „próbę rozdzielenia jajecznicy. Po prostu nie można tego zrobić tak łatwo"[226].

Przeciwną opcją do deglobalizacji jest ogarnięcie i wykorzystanie globalizacji, rozszerzenie jej, koordynacja, udoskonalenie, a jednocześnie nauka wzajemnej sympatii, tak aby *wszyscy* czerpali korzyści z dobrobytu. Wszystko, czego potrzebujemy, aby to osiągnąć, to metoda, dzięki której zmienimy nasze wzorce myślowe z trybu „ja" (skupienie się na sobie), poprzez tryb „my" (skupiając się na wszystkich ludziach), a skończywszy na „jeden" (czyli skupiając się na społeczeństwie jako pojedynczym bycie).

Dzisiaj, prawie 4000 lat po ucieczce Abrahama z Babilonu, świat jest gotowy do słuchania. Wszyscy wycierpieliśmy wystarczająco dużo i wszyscy staliśmy się zbyt mądrzy, aby nadal myśleć, że sami sobie z tym wszystkim poradzimy, że możemy pokazać Matce Naturze, czy Bogu, że nie potrzebujemy jej, ponieważ jesteśmy silniejsi i mądrzejsi.

Dlaczego warto tworzyć społeczeństwo, które dba o spójność?

W rozdziale pierwszym omówiliśmy pojęcie „równoważności formy", zauważając, że jeśli jesteśmy podobni do czegoś, wtedy możemy to zobaczyć, zidentyfikować, odkryć. Łatwiej nam będzie zrozumieć tę ideę, jeśli weźmiemy pod uwagę sposób działania odbiorników radiowych. Odbiornik może odbierać pewne fale tylko wtedy, gdy sam tworzy w sobie fale identyczne. Podobnie wykrywamy rzeczy, które pozornie istnieją na zewnątrz - ale tylko zgodnie z tym, co stworzyliśmy sami wewnątrz. W ten sposób odkrywamy Stwórcę, właściwość obdarzania, poprzez kształtowanie tej cechy w nas, a tym samym odkrywając ją na zewnątrz.

To właśnie ta zasada, „równoważność formy", sprawiła, że metoda Abrahama odniosła tak wielki sukces. Jego grupa stworzyła tę właściwość pomiędzy sobą i w ten sposób odkryła Stwórcę. Oznacza to, że przechodząc z trybu „ja" do trybu „my", odkryli tryb „jeden", czyli Stwórcę, jedyny tryb, który tak naprawdę istnieje.

W dzisiejszym świecie osiągnięcie spójności społecznej ma ogromne znaczenie dla naszego przetrwania. Moglibyśmy uważać ujawnienie Stwórcy jako swego rodzaju „akcesorium", gdyby nie fakt, że Stwórca jest właściwością obdarzania, cechą, bez której nigdy nie osiągniemy jedności, a zatem nigdy nie naprawimy ogólnoświatowego rozpadu, który zagraża wtrąceniem świata w stan globalnej konfrontacji. Dlatego ważnym jest, abyśmy jak najszybciej rozpowszechniali metodę Abrahama w celu osiągnięcia jedności poprzez równoważność w formie.

Aby to zrobić, musimy najpierw odrzucić powszechną opinię, funkcjonującą w naszym społeczeństwie, że posiadamy „wolny wybór". Nauka pokazuje, iż nie ma czegoś takiego, przynajmniej nie jest to tak, jak normalnie myślimy, iż robimy, co chcemy, dokonując własnego wolnego wyboru. W ostatnich latach pojawiają się coraz liczniejsze dowody świadczące o naszej zależności od społeczeństwa. Badania te pokazują, iż nie tylko nasze przetrwanie zależy od społeczeństwa, ale nawet nasze myśli, ambicje i szanse na sukces w życiu. Faktem jest, że nawet sama definicja sukcesu uzależniona jest od kaprysów społeczeństwa. I wreszcie w dużym stopniu nasze zdrowie fizyczne jest w znacznym stopniu uzależnione od społeczeństwa, w którym żyjemy.

10 września 2009 r. *The New York Times* opublikował artykuł zatytułowany „Are Your Friends Making You Fat?" (Czy twoi przyjaciele czynią ciebie otyłym?) autorstwa Clive'a Thompsona. [227]. W tym artykule Thompson opisuje fascynujący eksperyment przeprowadzony w miejscowości Framingham, w stanie Massachusetts. W eksperymencie (który został później opublikowany w słynnej książce pod tytułem „Połączeni: Zaskakująca siła naszych sieci społecznościowych i sposób, w jaki kształtują nasze życie - w jaki sposób przyjaciele przyjaciół twoich przyjaciół wpływają na wszystko, co czujesz, myślisz i robisz")

zarejestrowano i śledzono okresowo życie 15 000 ludzi przez okres ponad pięćdziesięciu lat. Analiza danych przeprowadzona przez profesora Nicholasa Christakisa i Jamesa Fowlera ujawniła zadziwiające odkrycia, dotyczące wpływu, jaki wywieramy na siebie nawzajem na wszystkich poziomach życia: fizycznym, emocjonalnym i mentalnym, a także to, w jaki sposób idee mogą być równie zaraźliwe dla nas, jak wirusy.

Christakis i Fowler odkryli, że istnieje sieć powiązań między ponad pięciu tysiącami uczestników. Odkryli, że w sieci tej ludzie wzajemnie wpływają na siebie. „Analizując dane z Framingham", napisał Thompson, „Christakis i Fowler twierdzą, że po raz pierwszy znaleźli solidne podstawy do potencjalnie znaczącej teorii w epidemiologii, iż dobre zachowania, takie jak rzucenie palenia lub pozostawanie szczupłym lub szczęśliwym, przechodzą od przyjaciela do przyjaciela prawie tak, jakby były to wirusy zakaźne. Uczestnicy programu w Framingham, jak sugerują dane, wpływali wzajemnie na swoje zdrowie jedynie poprzez kontakty towarzyskie. Tak samo było w przypadku złych zachowań - grupy przyjaciół zdawały się 'zarażać' wzajemnie otyłością, paleniem i poczuciem nieszczęścia. Pozostawanie zdrowym nie jest tylko kwestią naszych genów i diety, jak się wydaje. Dobry stan zdrowia jest również wynikiem, po części, samej bliskości z innymi zdrowymi ludźmi"[228].

Jeszcze bardziej zaskakujące było odkrycie naukowców, że te infekcje mogły „przeskakiwać" poprzez połączenia grupowe. Odkryli, że ludzie mogą wpływać na siebie wzajemnie, nawet jeśli się nie znają! Ponadto Christakis i Fowler znaleźli dowody takich wpływów nawet w przypadku trzech stopni oddzielenia od siebie (przyjaciel przyjaciela naszego przyjaciela). Thompson stwierdził: „Kiedy jakiś mieszkaniec Framingham stał się otyły, jego (lub jej) przyjaciele byli o 57 procent bardziej narażeni na otyłość. Jeszcze bardziej zdumiewającym jest to, iż… zjawisko to wydawało się przeskakiwać połączenia. Rezydent Framingham był w przybliżeniu o 20 procent bardziej narażony na otyłość, jeśli przyjaciel jego przyjaciela stawał się otyły, nawet jeśli przyjaciel „pośredni” w tej relacji nie przybierał na wadze ani jednego funta. Faktem jest, że ryzyko otyłości uczestnika wzrastało o 10 procent, nawet jeśli jedynie przyjaciel przyjaciela naszego przyjaciela przybierał na wadze"[229].

Cytując profesora Christakis'a, Thompson napisał: "W pewnym sensie zaczynamy rozumieć ludzkie emocje, takie jak szczęście, w podobny sposób, w jaki moglibyśmy analizować paniczny pęd stada bizonów. Nie pyta się pojedynczego osobnika 'Dlaczego biegniesz na lewo?' Odpowiedź jest taka, że całe stado biegnie w tym kierunku"[230].

Jednakże coś więcej zawarte jest w zjawisku „infekcji" społecznej, aniżeli tylko utrzymywanie wagi czy też dbanie o stan serca. W jednym z wykładów na konferencji TED profesor Christakis wyjaśnił, że nasze życie społeczne, a co za tym idzie, jak można stwierdzić po lekturze poprzednich akapitów – duża część naszego życia fizycznego zależy od jakości i wytrzymałości naszych powiązań społecznych i od tego, co znajduje się w obiegu w żyłach tej sieci. Według niego: „Tworzymy sieci społeczne, ponieważ korzyści, wynikające z życia w połączeniu, przewyższają jego koszty. Gdybym był zawsze gwałtowny wobec ciebie… albo ciebie zasmucał… wtedy zerwałbyś więzi ze mną i nasza sieć uległaby rozpadowi. Tak więc rozpowszechnianie dobrych i wartościowych rzeczy jest wymagane, aby utrzymać i karmić sieci społeczne. Podobnie sieci społeczne są niezbędne do rozprzestrzeniania dobrych i cennych rzeczy, takich jak miłość, dobroć, szczęście, altruizm oraz idee. ...Myślę, że sieci społeczne są zasadniczo związane z dobrocią, i myślę, że świat potrzebuje obecnie jeszcze więcej połączeń"[231].

Jednakże nie tylko ulegamy wpływom ludzi, którzy znajdują się wokół nas. Jesteśmy pod dużym wpływem mediów, polityki, zarówno krajowej, jak i międzynarodowej, a także gospodarki. W pracy zatytułowanej „Galopujący świat: Jak globalizacja zmienia formę naszego życia" znany socjolog Anthony Giddens zwięźle, ale precyzyjnie, wyraża nasze jednoczesne połączenie i dezorientację: „Na dobre i złe jesteśmy popychani w stronę porządku globalnego, którego nikt w pełni nie rozumie, ale którego skutki każdy z nas odczuwa"[232].

W ostatnich latach świat korporacyjny podłapał to pojęcie, a szkolenia i mnóstwo kursów pojawiło się w Internecie, oferując wykorzystanie nowego trendu: wirusa społecznego. W *Homo Imitans: The Art of Social Infection: Viral Change in Action* (Homo Imitans: Sztuka infekcji społecznej: wirusowe zmiany w działaniu) psychiatra i konsultant liderów biznesowych dr Leandro Herrero oferuje dowcipne podsumowanie natury ludzkiej w odniesieniu do wpływu środowiska społecznego: „Jesteśmy bardzo skomplikowanymi intelektualnie, racjonalnie stylowymi i wysoce oświeconymi, prostymi maszynami kopiującymi"[233]. Aby zakończyć swoją ironię na temat zalet natury ludzkiej, on pisze: „Nici bogatego gobelinu zachowań Homo Sapiens są wykonane z imitacji oraz wpływów"[234].

Jednak problem nie polega na naszym zachowaniu wobec siebie nawzajem czy też wobec Ziemi, chociaż nie mamy powodów do dumy w kwestii naszych wzajemnych stosunków, czy też traktowania przez nas Matki Ziemi. A jednak nasze zachowanie jest symptomem głębszych zmian, związanych z pojawieniem się egoizmu na poziomie mówiącym pragnienia otrzymywania, z którymi nikt nie potrafi sobie poradzić.

Niemniej jednak wiele osób już zrozumiało, że zmiana ta musi pochodzić z naszego wnętrza. Pascal Lamy, dyrektor generalny Światowej Organizacji Handlu (WTO), stwierdził, że „Prawdziwym wyzwaniem dzisiaj jest zmiana naszego sposobu myślenia, a nie tylko naszych systemów, instytucji czy polityki. Potrzeba nam wyobraźni, aby uchwycić ogromną obietnicę oraz wyzwanie, związane z połączonym światem, który stworzyliśmy. ...Przyszłość leży po stronie większej globalizacji, a nie mniejszej, większej współpracy, silniejszej interakcji pomiędzy narodami i kulturami, a nawet większego podziału obowiązków i interesów. Czego obecnie potrzebujemy to jedność w ramach naszej globalnej różnorodności"[235].

Faktycznie, Lamy ma rację w wielu kwestiach. W ostatnich latach neurolodzy są bardzo podekscytowani stosunkowo nowym odkryciem – neuronami lustrzanymi. Krótko mówiąc, neurony lustrzane to komórki, znajdujące się w rejonie pomiędzy przedczołową i ruchową korą mózgu, i zaangażowane w przygotowanie i wykonywanie ruchów kończyn. Jednakże, według artykułu opublikowanego w *Psychology Today*, odgrywają one także istotną rolę w naszych wzajemnych powiązaniach społecznych. „W roku 2000 Vilayanur S. Ramachandran, charyzmatyczny neurolog, przewidywał śmiało, że: 'neurony lustrzane zrobią dla psychologii to, co DNA zrobiło dla biologii'. ...Dla wielu będzie to reprezentowało wszystko to, co czyni nas ludźmi.

W książce z 2011 roku pod tytułem *The Tell-Tale Brain* (Wymowny mózg) Ramachandran posunął się w swoich twierdzeniach jeszcze dalej. ...utrzymuje on, iż neurony lustrzane są podstawą empatii, pozwalają nam naśladować innych ludzi, że przyspieszyły ewolucję mózgu, że pomagają wyjaśnić pochodzenie języka, a najważniejsze ze wszystkiego spowodowały wielki skok naprzód w kulturze człowieka, który miał miejsce około 60000 lat temu. 'Można powiedzieć, iż neurony lustrzane spełniły taką samą rolę we wczesnym rozwoju homininów, jaką obecnie odgrywa Internet, Wikipedia i blogi', podsumowuje.

Ramachandran nie jest odosobniony w swojej opinii. Piszący dla *The Times* (London) w 2009 roku na temat naszego zainteresowania życiem celebrytów, wybitny filozof A.C. Grayling prześledził to zjawisko do poziomu tych neuronów lustrzanych. 'Mamy wielki dar empatii', pisał. „Jest biologicznie ukształtowana zdolność, jak pokazano na przykładzie funkcji neuronów lustrzanych'. W tej samej gazecie w tym roku Eva Simpson napisała o tym, dlaczego ludzie są tak poruszeni, kiedy to mistrz kortu tenisowego Andy Murray zaniósł się płaczem. ...'Trzeba za to winić neurony lustrzane, komórki mózgowe, które każą nam reagować w taki sam sposób, jak robi to osoba, którą oglądamy'. W artykule w *New York Times* z 2007 roku znowu była mowa o tych komórkach przy okazji opisu bohaterskiego czynu człowieka, który uratował drugiego: ' ludzie posiadają neurony lustrzane', napisała Cara Buckley, 'które pozwalają im poczuć to, co przeżywa ktoś inny'"[236].

Według tego, co utrzymuje Jarrett, wydaje się, że „neurony lustrzane odgrywają swą *przyczynową* rolę w tym, iż pozwalają nam zrozumieć cele, kryjące się za działaniami innych ludzi.

Przedstawiając działania innych ludzi w szlakach motorycznych naszego mózgu, jak podpowiada logika, komórki te dostarczają nam natychmiastowej symulacji tych intencji, co jest wysoce skuteczną podstawą dla uczucia empatii"[237].

Chociaż nie brakuje sceptyków co do teorii związanych z działaniem lustrzanych neuronów, oczywistym jest, że nasze ciała wyraźnie przeznaczają części mózgu do komunikacji z innymi. W ten sposób *fizycznie* łączymy się z innymi *bez* konieczności fizycznego kontaktu z nimi, ale tylko poprzez kontakt wzrokowy. W pewnym sensie istnienie tych komórek potwierdza słowa Christakis'a i Fowler'a, iż „Wielki projekt dwudziestego pierwszego wieku, mający na celu zrozumienie, w jaki sposób cała ludzkość razem jest silniejsza niż suma jej części, dopiero się zaczyna. Niczym budzące się dziecko, ludzki superorganizm staje się świadomym samego siebie, a to z pewnością pomoże nam osiągnąć nasze cele"[238].

Spójność na skalę ogólnoświatową

Powróćmy na moment do naszego wspólnego monoteistycznego przodka. Po tym, jak został wygnany z Babilonu, Abraham założył odosobnioną społeczność, która przemieszczała się jako zwarta grupa i funkcjonowała w oparciu o wzajemne poręcznie. Abraham stworzył środowisko społeczne, które wspierało więzi, jedność oraz spójność, i dzięki tym elementom mogli osiągnąć właściwość obdarzania, Stwórcę. Naszym zadaniem dzisiaj jest czynienie tego samego, ale na skalę ogólnoświatową.

Ponieważ naprawdę staliśmy się świadomi tego, iż stanowimy jeden superorganizm, musimy zatem wszyscy funkcjonować jako taki – w ramach obopólności wzajemnej odpowiedzialności. Ponieważ nie jesteśmy w stanie nauczyć całego świata, jak żyć w ten sposób, musimy dać światu *przykład*, a on już sam zatroszczy się o resztę dzięki naszej zdolności odczuwania empatii, czy też, jak określił to dr Herrero, poprzez "imitację i wpływ". W końcu przecież kiedy ludzie widzą coś dobrego, wtedy w sposób naturalny chcą robić to samo.

Dlatego też kiedy ludzie zobaczą, że Żydzi mają coś, co może przynieść im korzyść, i że pragną tym się podzielić, wtedy będą nie tylko nas wspierać, ale także *przyłącza* się do nas. Jest to, jak wspomniano we wstępie, sposób, w jaki Abraham zdołał zebrać coraz więcej ludzi do swojej grupy w czasie, kiedy podążał z Babilonu do Kanaan, jako że „tysiące i dziesiątki tysięcy zgromadziło się wokół niego i byli to ludzie 'domu Abrahama'"[239].

Cztery czynniki wpływu

W swoim eseju zatytułowanym „Wolność"[240] Baal HaSulam obszernie omawia strukturę ludzkiej psychiki oraz to, na czym musimy się skoncentrować w celu osiągnięcia trwałej zmiany w naszych społeczeństwach. Poprzez obszerną analizę interakcji między dziedzicznością i środowiskiem Aszlag wyjaśnia, iż cztery czynniki składają się na to, kim jesteśmy. Są to:

1. geny;
2. sposób, w jaki nasze geny manifestują się w czasie naszego życia;
3. środowisko bezpośrednie, takie jak rodzina i przyjaciele;
4. środowisko pośrednie, takie jak media, gospodarka lub znajomi znajomych.

Ponieważ nie wybieramy swoich rodziców, nie możemy zatem kontrolować naszej puli genów. Niemniej nasze geny stanowią jedynie „nas w potencjale", a nie „nas rzeczywistych", którymi ostatecznie się stajemy, gdy już dorastamy. Rzeczywista postać „my" składa się z tych czterech czynników. Co więcej, te ostatnie dwa, które odnoszą się do środowiska, wpływają i *zmieniają* nasze geny tak, aby dostosować się do środowiska.

Przeanalizujmy następujący wspaniały przykład tego, w jaki sposób środowisko zmienia geny, podany przez Swanne Gordon z Uniwersytetu Kalifornijskiego w eseju zatytułowanym „Evolution Can Occur in Less Than Ten Years" (Ewolucja może wystąpić w mniej niż dziesięć lat), opublikowanym w *Science Daily*. „Gordon i jej koledzy badali gupiki – małe rybki słodkowodne... Wpuścili te gupiki do pobliskiej rzeki Damier w jej części powyżej wodospadu, czyli bariery, która zatrzymywała wszystkie drapieżniki. Gupiki oraz ich potomkowie skolonizowali również dolną część strumienia, poniżej wodospadu barierowego, która już zawierała pewną liczbę naturalnych drapieżników. Osiem lat później... naukowcy odkryli, że gupiki w środowisku o niskiej liczbie drapieżników... zaadaptowali się do nowego środowiska, produkując większe i mniej liczne potomstwo w każdym cyklu rozrodczym. Takiego rodzaju adaptacji nie zaobserwowano u gupików, które skolonizowały środowisko z wysoką liczbą drapieżników... 'Samice w środowisku o wysokiej liczbie drapieżników zainwestowały więcej środków w bieżącą reprodukcję z powodu wysokiego wskaźnika śmiertelności spowodowanego przez drapieżniki, ponieważ mogły one już nie dostać kolejnej szansy na reprodukcję', wyjaśniła Gordon. 'Samice w środowisku o małej liczbie drapieżników - z drugiej strony - wytwarzają większe zarodki, ponieważ większe dzieci mają większą szansę przetrwania w środowiskach o ograniczonych zasobach, typowych dla obszarów z niską liczbą drapieżników. Ponadto samice takie produkują mniej zarodków nie tylko dlatego, iż są one większe, ale również dlatego, że inwestują one mniej zasobów w bieżącą reprodukcję'"[241].

Dr Lars Olov Bygren, specjalista prewencji zdrowia, udokumentował jeszcze bardziej zaskakujący przykład tego, jak geny mogą się zmieniać w zależności od warunków środowiskowych. John Cloud z *Time Magazine* opisał badania dr. Bygren'a, dotyczące długoterminowych skutków spowodowanych przez lata głodu u mieszkańców odizolowanej szwedzkiej miejscowości Norrbotten. Jednakże dr Bygren nie ograniczył się jedynie do zaobserwowania efektów fluktuacji dietetycznych u ludzi, którzy ich doświadczali. Zbadał on także kwestię, „czy zjawisko tego typu mogło mieć swój początek nawet *przed* zajściem w ciążę. Czy doświadczenia rodziców we wczesnym ich życiu mogły w jakiś sposób zmienić cechy, jakie przekazywali swojemu potomstwu?"[242]. „Było to niczym wielka herezja", pisze Mr. Cloud. „W końcu przecież od dawna mamy do czynienia z biologią: bez względu na decyzje, jakie podejmujemy w ciągu naszego życia, które mogą zniszczyć naszą pamięć krótkotrwałą lub uczynić nas grubymi, czy też przyspieszyć śmierć, nie mogą one jednak zmienić naszych genów - naszego obecnego DNA. Oznaczałoby to, że kiedy mamy własne dzieci, nasza własna 'tablica' genetyczna byłaby wymazywana.

Co więcej, wszelkie takie skutki wpływu (środowiska) na naturę gatunku (geny) nie powinny mieć miejsca w tak szybkim czasie. Dzieło Karola Darwina 'O powstawaniu gatunków...' nauczyło nas, iż zmiany ewolucyjne następują w ciągu wielu pokoleń i przez miliony lat doboru naturalnego. Jednak dr Bygren oraz inni naukowcy zgromadzili dowody historyczne sugerujące, że znaczące warunki środowiskowe... mogą w jakiś sposób zostawić piętno na materiale genetycznym w jajach i plemnikach. Te odciski genetyczne mogą znacznie przyspieszyć ewolucję i spowodować nabycie nowych cech w jednym pokoleniu"[243].

Baal HaSulam - wracając do jego eseju „Wolność" - zasugerował bardzo podobną koncepcję, która zbiega się z ustaleniami dr. Bygrena. W części „Środowisko jako czynnik" on pisze: „Prawdą jest, że pragnienie nie posiada wolności. Raczej jest ono kształtowane przez cztery powyższe czynniki [geny; sposób, w jaki się manifestują; bezpośrednie otoczenie, środowisko pośrednie]. A człowiek jest *zmuszony* myśleć i analizować w sposób, jaki one mu narzucają, gdyż *nie posiada jakiejkolwiek siły, aby to krytykować lub zmienić...*"[244].

W kolejnej części eseju pod tytułem „Konieczność wyboru dobrego środowiska" Baal HaSulam dodaje: „Jak widzimy, jest to prosta sprawa i powinna być przestrzegana przez każdego z nas. Bo chociaż każdy z nas ma swoje własne źródło, siły są ujawniane w sposób otwarty tylko poprzez środowisko, w którym człowiek się znajduje"[245].

Może to brzmieć nieco deterministycznie, ponieważ jeśli jesteśmy całkowicie zarządzani poprzez nasze środowisko, mogłoby się wtedy wydawać, iż nie mamy wolności wyboru. A jednak, jak pisze Baal HaSulam, możemy i *musimy* wybierać nasze środowisko bardzo ostrożnie. Powiedział on: „Mamy wolność, aby początkowo wybrać takie środowisko... które przekaże nam dobre idee. Jeśli ktoś tego nie zrobi, lecz jest gotów wejść w dowolne środowisko, które pojawi się na jego drodze... wtedy człowiek na pewno wpadnie w złe towarzystwo... W konsekwencji tego zostanie zmuszony do przyjęcia nieczystych pojęć...". Taka osoba, stwierdza on dalej, „ na pewno zostanie ukarana, ale nie z powodu jej złych myśli i czynów, co do których nie ma wyboru, lecz z powodu tego, iż nie zdecydowała się być w dobrym środowisku, gdyż tylko w tym zawiera się jej wolny wybór. W związku z tym ten, kto wciąż dąży do wyboru lepszego środowiska, jest godny pochwały oraz nagrody. Ale i w tym przypadku nie dzieje się tak z powodu jego dobrych myśli i czynów... ale z powodu jego wysiłków, zmierzających do pozyskania dobrego środowiska, które przynosi... dobre myśli"[246].

Widzimy zatem, iż wszyscy jesteśmy potencjalnie demoniczni, tak jak jesteśmy potencjalnie anielscy. Wybór w kwestii tego, czy będziemy działać na jednym ekstremum lub tym drugim, albo na bazie dowolnej mieszanki obydwu, nie zależy od tego, czy zdecydujemy się być jednymi lub drugimi, ale od środowiska społecznego, w którym siebie umieszczamy albo które kształtujemy dla siebie sami.

Jako rodzice instynktownie przestrzegamy swoje dzieci, aby trzymały się z dala od złych kolegów na podwórku i od złych uczniów w szkole. Zatem świadomość wpływu środowiska tkwi już w naszych genach rodzicielskich. Teraz musimy rozszerzyć tę świadomość i uświadomić sobie, że to nie wystarczy, aby wiedzieć, iż nasze dzieci trzymają się „właściwych" kolegów. Musimy zacząć *opracowywać* nowy paradygmat myślenia dla siebie, jak i dla naszych dzieci. Jest to paradygmat, w którym wzajemna odpowiedzialność odgrywa wiodącą rolę, wzajemna troska i koleżeństwo stają się najważniejsze, a dyskurs publiczny zmienia się odpowiednio do zmian w naszym zachowaniu.

Innymi słowy, znana maksyma rabina Akiwy „Kochaj bliźniego swego jak siebie samego" musi przybrać właściwy kształt i zostać wcielona w życie społeczeństwa. Ten paradygmat społeczny jest DNA naszego narodu, naszym dziedzictwem dla świata i tym, co świat (chociaż podświadomie) oczekuje od nas.

W dobie kolejnych i nakładających się na siebie kryzysów ogólnoświatowych świat rozpaczliwie odczuwa potrzebę uchwycenia się jakieś liny ratunkowej, promienia nadziei. My, Żydzi, jesteśmy jedynymi, którzy mogą zaoferować tę nadzieję, a która nazywa się „wzajemnym poręczeniem". W następnym rozdziale przedstawione zostaną podstawy wdrażania idei wzajemnego poręczenia jako dominującego paradygmatu społecznego.

ROZDZIAŁ 10
Życie w integralnym świecie

Integralny świat wymaga integralnej edukacji

W poprzednim rozdziale cytowane były słowa Baal HaSulama, pochodzące z jego eseju „Wolność", stwierdzające, iż jesteśmy „zmuszeni myśleć i analizować tak, jak oni [środowisko społeczne] to sugerują", oraz „odmawia się nam jakiejkolwiek siły, aby krytykować czy zmieniać"[247]. Baal HaSulam wnioskował, że aby uniknąć ustalonego losu, możemy zmienić środowisko, które z kolei zmieni nas samych i nasze losy. Według jego słów „Ten, kto stara się nieustannie wybierać lepsze środowisko, jest godny pochwały i nagrody... nie z powodu swych dobrych myśli oraz czynów... lecz z powodu swoich wysiłków, zmierzających do pozyskania dobrego środowiska, które przynosi... dobre myśli"[248].

Aby ująć to w ramach bardziej współczesnych w celu skierowania naszego życia i życia naszych dzieci w pozytywną stronę, musimy pielęgnować wartości społeczne, które promują pozytywny kierunek życia, jaki pragniemy w nich zaszczepić. Musimy kształcić siebie, nasze dzieci i całe społeczeństwo w kierunku wzajemnego poręczenia, wzajemnej odpowiedzialności i ostatecznie ku jedności i spójności. Jak już wielokrotnie wskazywano w całej tej książce, jest to naszym powołaniem jako Żydów.

Nie musimy wymyślać żadnych nowych metod edukacji, aby ten cel osiągnąć. Wszystko, czego potrzebujemy, to dokonać pewnego „przesunięcia" środków, które już używamy obecnie – mass media, Internet, system edukacji, a także nasze więzi społeczne i rodzinne – w kierunku promowania braterstwa i wzajemnej odpowiedzialności zamiast obowiązującej obecnie narracji, w której dominuje separacja i wyobcowanie.

Chociaż częściej niż rzadziej cechy jedności i braterstwa, a przede wszystkim wzajemnej odpowiedzialności są uśpione wśród nas - Żydów, jest to naszym obowiązkiem, a w rzeczy samej naszym powołaniem, aby obudzić je i zaoferować jako nasz dar dla świata. Jak już wielokrotnie powiedziano w tej książce, jedność jest darem pochodzącym od Żydów, cechą, która czyni nas wyjątkowymi, a którą musimy obdarzyć teraz resztę świata. Jest to cecha, jakiej świat dziś potrzebuje, i to my jesteśmy zobowiązani do pielęgnowania jej wewnątrz nas, a następnie do przekazania reszcie świata.

Istnieją dwa sposoby na to, aby przekazać wzajemne poręczenie oraz właściwość obdarzania. Pierwszy z nich, przeznaczony dla osób z „punktem w sercu", jak wspomniano wcześniej w książce, jest to studiowanie Kabały. Zgodnie z własnym poziomem zainteresowania można to robić z różnym stopniem nasilenia, począwszy od oglądania programów telewizyjnych a skończywszy na uważnym (i intensywnym) studiowaniu wraz z grupą i nauczycielem. Drugim sposobem jest zorientowana na jedność metoda edukacji, której celem jest wzbudzanie spójności i poczucia wzajemnej odpowiedzialności w społeczeństwie. Omówię teraz te dwa sposoby, kolejno jeden za drugim.

Droga „Punkt w sercu"

Dla niektórych z nas droga do zdobycia jedności jest stosunkowo prosta. Wspominaliśmy już o „punkcie w sercu", tym pragnieniu, aby zrozumieć, czym jest życie i co sprawia, że świat wciąż się kręci, tej tęsknocie, która umożliwiła Adamowi, Abrahamowi, Izaakowi, Jakubowi, Mojżeszowi i całemu narodowi, który powstał z pariasów Babilonu, opracowanie metody naprawy, która zamienia złą skłonność w dobrą. Ci, którzy posiadają ten punkt, mogą rozpocząć studiowanie tekstów, które pozostawili nam kabaliści jako środek do osiągnięcia Stwórcy, właściwości obdarzania. W trakcie studiów nauczą się tego, jak zjednoczyć się na głębokim poziomie, i będą gotowi do przekazania tej jedności innym.

W naszym pokoleniu tekstami o najbardziej zasadniczym znaczeniu dla osiągnięcia tych celów są: „Księga Zohar" Baal HaSulama z jego komentarzem „Sulam" (drabina), pisma ARI, najlepiej z komentarzem Baal HaSulama opublikowanym w jego „Talmud Esser HaSephirot" (Nauka dziesięciu Sfirot), a także inne pisma Baal HaSulama opublikowane w dziele „Pisma Baal HaSulama". Aby te oraz inne teksty były bardziej dostępne, stworzyliśmy darmową bibliotekę online z autentycznymi tekstami kabalistycznymi, przetłumaczonymi na dziesiątki języków.

W oryginalnym języku hebrajskim można je odnaleźć pod adresem: www.kab.co.il, a tłumaczenia większości tekstów – łącznie z wersją „Księgi Zohar" zatytułowaną „Zohar for All" (Zohar dla wszystkich), która scala tekst rabina Szymona Bar Jochaj (Raszbi), z komentarzami Baal HaSulama – są dostępne w języku angielskim na stronie www.kabbalah.info, bez opłat i jakichkolwiek warunków.

Pod wyżej wymienionymi adresami internetowymi dostępne są także pisma mojego nauczyciela Rawa Barucha Szalom Aszlaga (Rabasza), pierworodnego syna Baal HaSulama i jego następcy. Chociaż mniej z jego pism zostało przetłumaczonych na język angielski, wszystkie z jego esejów, które uczą studentów, jak promować jedność w grupach, zostały opublikowane w języku angielskim w książce pod tytułem „The Social Writings of Rabash" (Pisma społeczne Rabasza). Ci, którzy preferują formę papierową, wszystkie powyższe publikacje także są dostępne, a można je zakupić na stronie www.kabbalahbooks.info lub na stronie amazon.com oraz w innych sklepach internetowych.

Dodatkowo bardziej doświadczeni studenci założyli Centrum edukacyjne, które uczy podstaw Kabały i tego, jak je wdrożyć, aby stały się częścią naszego życia codziennego, uzupełniając rozwój osobisty człowieka w celu osiągnięcia indywidualnych zamierzeń w życiu. Dla bardziej zaawansowanych uczniów są dostępne lekcję, które przeprowadzam codziennie przez trzy godziny, transmitowane na żywo na stronie www.kab.tv przy jednoczesnym tłumaczeniu na wszystkie główne języki - angielski, hiszpański, francuski, rosyjski, niemiecki oraz inne. Podczas tych lekcji staram się umożliwiać postępy uczniom tak szybko i tak łatwo, jak jest to możliwe, oczywiście, przy zachowaniu metod nauczania, jakie otrzymałem od mego czcigodnego nauczyciela - Rabasza.

W ciągu ostatnich kilku lat emitujemy także programy dla amerykańskich kanałów telewizyjnych, takich jak JLTV oraz Shalom TV, głównie w weekendy. Oczywiście, programy te nie stanowią tradycyjnych studiów Kabały, ale z pewnością okażą się pomocne tym wszystkim, którzy pragną „zamoczyć nogi" i zobaczyć, o co właściwie chodzi w tych studiach.

Integralna edukacja zorientowana na jedność

Studiowanie kabały jest wspaniałym sposobem na osiągnięcie jedności. Jest to metoda zbudowana specjalnie dla osiągnięcia tego celu. Jednakże większość ludzi nie posiada silnego „punktu w sercu", który wciąż domaga się odpowiedzi. Zatem jest mało prawdopodobne, iż większość ludzi będzie chciała angażować się w tego typu studia. A jednak potrzeba ustanowienia spójnego społeczeństwa jest potrzebą ogólnoświatową, a nie osobistą czy żydowską, czy nawet nie jest wymogiem dla jednego, konkretnego kraju.

Dave Sherman, czołowy strateg biznesu i ekspert w dziedzinie zrównoważonego rozwoju, wymownie przedstawił obecny globalny problem w filmie pod tytułem „Crossroads: Labor Pains of a New Worldview" (Rozdroże: Bóle porodowe nowego światopoglądu): „Najnowszy raport na temat ogólnoświatowych niebezpieczeństw (*Global Risks Report*), opublikowany przez *World Economic Forum* (Światowe Forum Ekonomiczne) przedstawia zdumiewającą mapę wzajemnie połączonych ze sobą zagrożeń. Pokazuje ona wyraźnie, w jaki sposób wszystkie globalne zagrożenia są ze sobą splecione i powiązane, tak więc zagrożenia gospodarcze, ekologiczne, geopolityczne, społeczne i technologiczne znajdują się w niezwykłej współzależności. Kryzys w jednym miejscu szybko doprowadzi do kryzysu na innych obszarach. Wzajemne powiązania i złożoność, widoczne na tej mapie w zestawieniu, w porównaniu do naszego zaskoczenia wpływem i prędkością ostatnich kryzysów finansowych, ilustrują dysharmonię, jaka istnieje pomiędzy wszystkimi systemami zbudowanymi przez nas, i pokazują, do jakiego stopnia ulegliśmy odseparowaniu wobec siebie nawzajem. Nasze próby zarządzania tymi systemami są fragmentaryczne i uproszczone, a nie są w stanie sprostać wyzwaniom, przed którymi dzisiaj stoimy"[249].

Aby rozwiązać właśnie ten kontrast pomiędzy naszym własnym rozdzieleniem a wzajemnie powiązanymi systemami, które zbudowaliśmy, musimy rozwijać powiązane myślenie, a także integracyjne postrzeganie naszego świata. Integralna Edukacja (IE), wspomniana wcześniej „edukacja skierowana na jedność", zajmuje się właśnie tymi kwestiami.

Określenie „integralny", według Thomasa J. Murray'a ze Szkoły Edukacji (School of Education) na Uniwersytecie Massachusetts, „oznacza wiele rzeczy dla wielu ludzi i to samo odnosi się do edukacji integralnej"[250]. Bardziej powszechne postrzeganie IE, jak opisano w Wikipedii, jest takie, iż jest to

„filozofia i praktyka edukacji dla całego dziecka: jego ciała, emocji, umysłu, duszy i ducha"[251].

Odniesienie się do dziecka jako całości w procesie kształcenia jest z pewnością godne pochwały. Jednakże w dzisiejszym wzajemnie połączonym świecie jest to po prostu za mało. Jak pokazaliśmy w poprzednim rozdziale, uczymy się przede wszystkim, jeśli nie *wyłącznie*, poprzez środowisko. W związku z tym celem edukacji musi być kształtowanie środowiska, które wpaja wybrane wartości oraz informacje dzieciom oraz dorosłym.

Szkoły dla dorosłych: Przewodnik dla zagubionych

Poza mówiącym, ludzkim poziomem natury wszystkie inne poziomy - nieożywiony, roślinny i zwierzęcy, funkcjonują według prawa wzajemnego poręczenia. Homeostaza, zgodnie z definicją, zamieszczoną w słowniku Webstera (*Webster's Dictionary*), doskonale pasuje do opisu wzajemnego poręczenia na poziomach niższych niż poziom mówiący: „Relatywnie stabilny stan równowagi lub skłonność do takiego stanu pomiędzy różnymi, ale współzależnymi elementami lub grupami elementów danego organizmu, populacji czy też grupy"[252].

Nasze obecne, głównie kapitalistyczne społeczeństwo stroni od stanu równowagi, kpi z dążenia ku niej i boi się współzależności. W rzeczywistości popieramy i prowadzimy kampanie dla czegoś wręcz przeciwnego. Chwalimy indywidualne osiągnięcia w sporcie, biznesie, polityce i środowisku akademickim oraz idealizujemy tych, którzy są na szczycie. Zwykle nie zauważamy tych, którzy przyczyniają się do dobrobytu całej zbiorowości, i pielęgnujemy nasz indywidualizm oraz niezależność.

Ale społeczeństwo, które funkcjonuje w ten sposób, nie może istnieć bardzo długo. Pomyślmy o naszych ludzkich ciałach. Jeśli nasze ciała kierowałyby się wartościami, które zdominowały nasze społeczeństwo, nie udałoby im się przejść poza etap początkowego różnicowania komórek w stadium embrionalnym. Jak tylko komórki zaczęłyby tworzyć poszczególne narządy, zaczęłyby walczyć ze sobą o zasoby, a zarodek uległby rozpadowi. Życie nie byłoby w ogóle możliwe, gdyby jakakolwiek jego część hołdowała wartościom indywidualistycznym, przed chwilą tutaj opisanym. Jest tak dlatego, że życie, czyli Natura, przestrzega zasad homeostazy, dzięki czemu możemy się rozwijać i utrzymać, i doszliśmy w naszej ewolucji już do takiego punktu, w którym możemy rozważać samą naturę oraz cel naszego istnienia.

Faktem jest, że nie tylko organizmy, ale cały nasz ekosystem planetarny, a nawet kosmos, są w stanie homeostazy. Kiedy równowaga się załamuje, nieuchronnie wynikają z tego problemy. Rewelacyjny i nieco zabawny raport, złożony do Departamentu Edukacji Stanów Zjednoczonych (Inited States Department of Education) w październiku 2003 roku przez Irene Sanders i Judith McCabe, wyraźnie pokazuje, co się dzieje, kiedy odchylimy ekosystem od jego stanu homeostazy. „W 1991 roku orka - wieloryb morderca – był widziany podczas jedzenia wydry morskiej. Orki i wydry zwykle współistnieją w pokoju. Cóż więc się stało? Ekolodzy stwierdzili, że populacje okonia i śledzia także uległy zmniejszeniu. Orki nie jedzą tych ryb, ale foki i lwy morskie jak najbardziej. A foki i lwy morskie są z kolei tym, co zwykle jedzą orki, a ich populacja także zmalała. Tak więc w obliczu braku fok i lwów morskich orki zaczęły wybierać na kolacje zabawne wydry morskie.

Tak więc wydry zniknęły, ponieważ ryby, których nigdy nie jadały, także zniknęły. W taki właśnie sposób rozprzestrzenia się fala zakłócenia ekosystemu. Ponieważ nie było już wydr, które jedzą jeżowce, populacja jeżowca wręcz eksplodowała w swojej liczbie. Jednak jeżowce żywią się wodorostami, więc doprowadziło to do ich nadmiernego zanikania. Wodorosty są domem dla ryb, które są pożywieniem mew i orłów. Podobnie jak orki, mewy mogą znaleźć inne jedzenie, natomiast orły nie mogą i stąd mają duży problem.

Wszystko to zaczęło się od spadku populacji okonia oceanicznego i śledzia. Dlaczego? Cóż, japońscy wielorybnicy zabijają różne wieloryby, które jedzą te same mikroskopijne organizmy, które zapewniają pożywienie czarniakowi [rodzaj ryb mięsożernych]. Mając więcej pożywienia, populacja czarniaka bardzo wzrasta. One to z kolei atakują okonia i śledzia, które były pokarmem dla fok i lwów morskich. Wraz ze spadkiem populacji lwów morskich i fok orki muszą zadowolić się wydrami"[253].

Pomyślcie, w jaki sposób zachowujemy się względem siebie. Stale współzawodniczymy ze sobą, jesteśmy wyobcowani, odizolowani od siebie i dążymy do prześcignięcia innych. Należy pamiętać, iż nie jest to wyjątkiem, ale *normą*, a wartości, jakich wszyscy uczymy nasze dzieci, są dla nas „właściwym" sposobem życia. Dlatego też szkoła dla dorosłych, przewodnik dla zagubionych, jest po prostu konieczna.

Sposób, w jaki ta szkoła będzie funkcjonować, powinien się różnić w zależności od miejsca i od kraju. Każdy naród i kraj ma swoją własną mentalność i kulturę, inny poziom zaawansowania technologicznego i środków komunikacji oraz tradycji, w jakiej ludzie się uczą. Z tego powodu każdy kraj (a czasem wręcz

każde miasto) będzie musiał opracować własną metodę nauczania. Jednakże *zasadnicza treść nauczania - zasady, jakich będą
nauczać wszystkie te systemy kształcenia dorosłych - musi być taka
sama*. W przeciwnym razie wynik tego będzie różny, w zależności od zaangażowania ludzi w ideę wzajemnej odpowiedzialności
i zrozumienia jej znaczenia dla naszego życia.

Przeanalizujmy niektóre z podstawowych zasad, jakie kształ-
cenie w kierunku wzajemnego poręczenia powinno zaszczepić
u ludzi.

Media prospołeczne

W „Pismach" Baal HaSulam twierdzi, iż: „Największą ze wszystkich przyjemności, jaką można sobie wyobrazić, jest bycie
lubianym przez ludzi. Warto jest poświęcić całą swoją energię i
cielesne przyjemności, aby osiągnąć pewną dozę tego wspaniałego uczucia. Jest to niczym magnes, który przyciągał największych we wszystkich pokoleniach i dla którego bagatelizowali oni
swoje życie doczesne"[254].

Dlatego, aby zmieniać nasze zachowania społeczne, musimy
zmienić nasze *otoczenie społeczne* z takiego, które faworyzuje indywidualność, na takie, które promuje wzajemność. Praktycznie
rzecz biorąc, możemy korzystać z mediów, aby pokazywać, jak
praca w grupie przynosi lepsze rezultaty niż praca indywidualna,
a także to, w jaki sposób współzawodnictwo jest szkodliwe dla
naszego zdrowia i szczęścia. Kiedy już zdamy sobie sprawę, że
większa nagroda kryje się we współdziałaniu niż w indywidualizmie, będzie nam dużo łatwiej współpracować i dzielić się
owocami naszej pracy.

W swojej wnikliwej książce pod tytułem „The Wisdom of Teams: Creating the High-Performance Organization" (Mądrość zespołowa: Tworzenie organizacji o wysokim poziomie wydajności) autorzy Jon R. Katzenbach i Douglas K. Smith opisują historię sukcesu, którą warto tutaj przytoczyć, w kontekście zalet pracy zespołowej. Burlington Northern Railroad była prosperującą firmą przeładunkową, a obecnie jest częścią wielkiego koncernu, należącego do Berkshire Hathaway, kontrolowanego przez głównego inwestora Warrena Buffetta. W 1981 roku firma Burlington Northern Railroad została zrewolucjonizowana przez zespół siedmiu mężczyzn w składzie: Bill Greenwood, Mark Cane, Emmett Brady, Ken Hoepner, Dave Burns, Bill DeWitt i Bill Berry, którzy skorzystali z deregulacji amerykańskiego przemysłu kolejowego, aby przyspieszyć dostarczanie ładunków i zminimalizować koszty dostawy. Oto w jaki sposób Katzenbach i Smith opisują ducha, z jakim przeprowadzili oni tę rewolucję: „Wszystkie zespoły łączy poświęcenie dla osiągnięcia wspólnego celu. Ale tylko wyjątkowi członkowie zespołu... są głęboko oddani sobie nawzajem. Siedmiu mężczyzn rozwinęło w sobie wzajemną troskę i zaangażowanie dla siebie nawzajem w takim stopniu, w jakim było ich poświęcenie dla wizji, którą starali się wspólnie osiągnąć. Dbali o swoje wzajemne dobro, wspierali się nawzajem, kiedy i w jaki sposób było to konieczne, i stale współpracowali ze sobą, aby zrobić to, co było do zrobienia"[255].

Historie tego rodzaju mogą być silnym orędownikiem korzyści, wypływających z jedności ponad konkurencją. Jedynym problemem jest to, że w naszym niezwykle konkurencyjnym świecie nawet jedność wykorzystywana jest w celu uzyskania *osobistych* wpływów w grupie, która ją praktykuje (albo powinniśmy powiedzieć, która ją niejako „popełnia" z powodu jej niewłaściwego zastosowania). W dzisiejszym połączonym i współzależnym świecie tego rodzaju jedności jest nie do utrzymania.

W naszym egocentrycznym społeczeństwie jedność będzie trwać tak długo, jak jest ona opłacalna dla osób w nią zaangażowanych. W poprzednim rozdziale, w części zatytułowanej „Od 'Ja' poprzez 'My' do 'Jeden'", opisaliśmy złe skutki współzawodnictwa. Jednocześnie przyznaliśmy, że „zgodnie z naszą obecną wiedzą na temat natury ludzkiej nie możemy uniknąć tej konkurencyjnej i alienującej postawy, ponieważ pochodzi ona z wewnątrz nas i jest podyktowana przez czwarty, mówiący poziom pragnienia, a my sami nie jesteśmy w stanie zatrzymać ewolucji pragnienia".

Niemniej jednak powiedzieliśmy już, że nie musimy przeszkadzać naszej ewolucji, lecz jedynie przesunąć ją w kierunku konstruktywnym dla wszystkich. Najbardziej pomocnym narzędziem do uzyskania tego są media. Jeśli będziemy rozwijać prospołeczny przekaz medialny i bombardować nim tak samo, jak jesteśmy obecnie bombardowani reklamami, mającymi na celu zubożenie naszych kont bankowych, wtedy odkryjemy, iż żyjemy w społeczeństwie zupełnie innym aniżeli nasze obecne.

Współczesne środowiska domowe zawierają wiele źródeł mediów rozrywkowych: albo za pośrednictwem radia, telewizora, czy też za pośrednictwem Internetu. Publikacja opracowana przez Departament Edukacji Stanów Zjednoczonych, zatytułowana „Media Guide—Helping Your Child Through Early Adolescence" (Przewodnik medialny - pomoc twojemu dziecku w przejściu przez czas wczesnej młodości) zawiera następujące stwierdzenie: „Trudno jest zrozumieć świat wczesnych nastolatków bez wzięcia pod uwagę ogromnego wpływu mass mediów na ich życie. Konkurują one z rodziną, przyjaciółmi, szkołą i społeczeństwem w ich zdolności do kształtowania zainteresowań nastolatków, ich postaw oraz wartości"[256]. Niestety, większość z postaw, jakie kształtują media, jest aspołeczna.

Na przykład publikacja w Internecie opracowana przez University of Michigan Health System stwierdza, że „Dosłownie tysiące badań przeprowadzono od lat pięćdziesiątych ubiegłego wieku w kwestii tego, czy istnieje związek pomiędzy wystawianiem się na przemoc w mediach a agresywnymi zachowaniami. Wszystkie za wyjątkiem 18 stwierdziły, że 'Tak'. ...Według AAP (American Academy of Pediatrics - Amerykańska Akademia Pediatryczna) 'Wiele dowodów wskazuje na to, że przemoc w mediach może przyczynić się do zachowań agresywnych, znieczulenia na przemoc, koszmary senne oraz strachu przed doznaniem krzywdy'"[257].

Aby zrozumieć, jak wiele przemocy chłoną młode umysły, należy rozważyć ten fragment informacji z powyższej publikacji: „Przeciętne amerykańskie dziecko zobaczy 200 000 aktów przemocy i 16 000 morderstw w telewizji do osiągnięcia wieku 18 lat"[258]. Jeśli ta liczba nie wydaje się wam niepokojąca, zauważmy, iż mamy 6 570 dni w okresie osiemnastu lat. Oznacza to, że średnio do wieku osiemnastu lat dziecko będzie narażone na ponad trzydzieści aktów przemocy w telewizji, z czego 2,4 to morderstwa, *każdego dnia swojego młodego życia*.

W mniej więcej tym samym tonie w książce „Development Through Life: A Psychosocial Approach" (Rozwój w okresie życia: psychospołeczne podejście), opublikowanej w 2008 roku, dr Barbara M. Newman i Philip R. Newman opisują, w jaki sposób „Narażenie na wiele godzin przemocy w telewizji zwiększa repertuar agresywnych zachowań dzieci oraz zwiększa częstotliwość gniewnych uczuć, myśli i działań. Dzieci te są uwikłane w fantazje pełne przemocy, biorąc udział w telewizyjnych sytuacjach, które oglądają"[259]. Jeśli przypomnimy sobie to, co powiedzieliśmy o lustrzanych neuronach, i weźmiemy pod uwagę, ile my, a zwłaszcza dzieci, uczą się poprzez naśladowanie, możemy sobie tylko wyobrazić, jakie nieodwracalne szkody wywołuje w nich oglądanie przemocy, a my przecież już odczuwamy skutki tego złego wychowania.

W związku z tym rozwój mediów, które będą prospołeczne i wzajemnie odpowiedzialne, jest konieczny dla naszego przetrwania jako społeczeństwa zdolnego do życia. Muszą one odgrywać kluczową rolę w przeniesieniu publicznego zainteresowania od alienacji w stronę atmosfery koleżeństwa. Media dostarczają nam prawie wszystko, co wiemy na temat naszego świata. Nawet informacje, które otrzymujemy od przyjaciół i rodziny, zwykle przybywają do nas za pośrednictwem mediów - nowoczesnej wersji poczty pantoflowej.

Ale media nie tylko dostarczają nam zbioru informacji. Oferują one również ciekawostki o ludziach, których lubimy lub nie akceptujemy. Na podstawie tego, co widzimy, słyszymy lub czytamy w mediach, formujemy nasze poglądy. Ponieważ wpływ mediów na społeczeństwo nie ma sobie równych, jeśli zainteresowanie mediów przesunie się w stronę wspólnoty i jedności, zarazem spowoduje to przesunięcie światopoglądu większości ludzi i ich postawy wobec tych wartości.

Obecnie media koncentrują się na ludziach sukcesu, potentatach medialnych, mega gwiazdach muzyki pop i niezwykle utalentowanych osobnikach, którzy zarobili miliardy na barkach swoich konkurentów. W czasach kryzysów, takich jak stan po huraganie Sandy lub w czasie powodzi, ludzie jednoczą się, aby pomóc sobie nawzajem. W takich chwilach te historie, które media obficie relacjonują, pomagają podnieść nasze morale i dają nam nadzieję na to, iż duch ludzki nie jest do końca zły. Niestety, jak tylko pojawi się kolejna ważna wiadomość, media już za nią gonią, zabierając tym samym ze sobą wiarę w ludzkiego ducha. Zamiast tego odczucia podejrzliwości i alienacji ponownie zajmują czas najwyższej oglądalności.

Aby wprowadzić trwałą i zasadniczą zmianę w naszym światopoglądzie, tego, abyśmy pragnęli właściwości obdarzania, media powinny prezentować pełny obraz rzeczywistości i informować nas o powiązaniach i współzależności jej struktury. W tym celu należy produkować programy, które pokazują, w jaki sposób właściwość ta ma wpływ na wszystkie poziomy naszej natury - nieożywiony, roślinny, zwierzęcy i mówiący, a także zachęcać ludzi do naśladowania jej, aby zrównać nasze społeczeństwo z właściwościami natury, którymi są obdarzanie, wzajemność i homeostaza. Zamiast programów typu talk-show, które wychwalają ludzi, odnoszących sukces, programy takie powinny chwalić ludzi, którzy pomagają innym *osiągnąć sukces*.

Jeśli media będą pokazywać ludzi, dbających o siebie nawzajem, i stawiać ich na piedestale przede wszystkim dlatego, iż ich czyny są zbieżne z prawem natury, Prawem Obdarzania, będzie to wtedy stopniowo przesuwać przychylność opinii publicznej od egocentryzmu w stronę koleżeństwa. Ludzie zaczną czuć, że istnieje *osobista* korzyść w byciu bezinteresownym, prawdopodobnie znacznie większa aniżeli w byciu egoistą, o ile taka korzyść w ogóle istnieje w tym.

Aktualnie dominującym przesłaniem, jakie media powinny prezentować, jest: „Jedność to niezła zabawa i jest również dobra dla ciebie, a więc przyłącz się!" Istnieją liczne sposoby na to, aby media pokazały nam, iż jedność jest darem.

Chociaż każdy naukowiec wie, że żaden system w przyrodzie nie działa w odosobnieniu i że gra, w której uczestniczymy, nazywa się wzajemna zależność, jednak większość z nas nie zdaje sobie z tego sprawy. Kiedy zobaczymy, jak każdy nasz narząd funkcjonuje z korzyścią dla całego ciała, jak pszczoły współpracują w ulach, jak ławica ryb płynie w takiej harmonii, że można ją pomylić z jedną gigantyczną rybą, oraz jak szympansy pomagają innym szympansom czy nawet ludziom bez żadnej nagrody, wtedy będziemy wiedzieć, że pierwotne prawo natury polega na harmonii i koegzystencji.

Media mogą i powinny pokazywać nam takie przykłady znacznie częściej niż robią to obecnie. Kiedy zdamy sobie sprawę, iż tak właśnie funkcjonuje natura, będziemy spontanicznie analizować nasze społeczne zachowania i starać się naśladować tę harmonię w relacjach pomiędzy nami. Jeśli nasze myśli zaczną przesuwać się w tym kierunku, stworzą one inną atmosferę i wprowadzą ducha nadziei i siły do naszego życia, nawet zanim jeszcze praktycznie zastosujemy tego ducha, ponieważ będziemy dostosowani do życiowej siły Natury - Stwórcy.

Ponieważ, jak już wspomniano powyżej, naszą największą przyjemnością jest przychylność ludzi, jeśli inni aprobują nasze działania i poglądy, dobrze się z tym czujemy. Jeśli natomiast nie akceptują tego, co robimy lub mówimy, czujemy się z tym źle i zazwyczaj ukrywamy swoje działania lub ich zmieniamy, aby dopasować się do normy społecznej. Innymi słowy, ponieważ tak ważnym jest dla nas, aby czuć się ze sobą dobrze, media odgrywają wyjątkową rolę w zmienianiu poglądów i zachowań ludzi.

Nic dziwnego, że politycy są ludźmi najbardziej uzależnionymi od oceny społecznej, ponieważ ich kariera, a nawet sama egzystencja zależy od ich popularności. Jeśli pokażemy, że zmieniły się nasze wartości, wtedy oni zmienią swoje, aby zdobyć nasze poparcie. A jednym z najprostszych, najbardziej skutecznych sposobów, aby powiedzieć im, jakie są nasze wartości, jest pokazanie, co chcemy oglądać w telewizji! Jeśli wystawimy wysokie oceny programom, promującym jedność i koleżeństwo, politycy wykorzystają tego ducha i będą ustanawiać odpowiednie prawa. Ponieważ politycy pragną jak najdłużej pozostać na urzędzie, musimy im pokazać, że aby zachować swoje stanowiska, muszą oni promować to, co my chcemy - jedność.

Kiedy będziemy już w stanie stworzyć media, które będą promować jedność i współpracę zamiast uwielbienia celebrytów, stworzymy przez to środowisko, które *przekona* nas, iż jedność i wzajemna odpowiedzialność są dobre.

Klucze do jedności

Aby stworzyć bardziej spójne społeczeństwo, którego członkowie będą odpowiedzialni za siebie nawzajem, ludzie muszą kultywować kilka podstawowych zasad:

1) Żywność i inne artykuły pierwszej potrzeby: Przede wszystkim ludzie muszą posiadać zabezpieczenie żywnościowe.

Bez pewności, że mogą wykarmić swoje dzieci i siebie, oni nie odczują, iż stanowią integralną część społeczeństwa, ponieważ stale będą walczyć o jedzenie (jeśli nie w sensie fizycznym, to psychicznym).

Poza tym koniecznym jest, aby ludzie mieli wystarczające zabezpieczenie dotyczące usług medycznych, mieszkania, odzieży i edukacji. Wszystkie z powyższych elementów będą się różnić w zależności od średniego poziomu życia w każdym miejscu, ale podstawowe środki egzystencji muszą być dla wszystkich na poziomie, który zachowuje ich godność jako ludzi oraz jako integralnych członków społeczeństwa.

W zamian za zagwarantowanie podstawowych środków egzystencji wszyscy członkowie społeczeństwa przejdą jakąś formę szkolenia, które pomoże im zrozumieć wzajemnie powiązany i współzależny charakter naszego świata, czyli odpowie na pytanie, dlaczego otrzymują oni te świadczenia. Ludzie nauczą się, że życie w społeczeństwie, które zapewnia ich dobry byt, również pociąga za sobą pewne obowiązki. Będą one dotyczyć postaw ludzi wobec siebie nawzajem, jak i ich wkładu czasu lub usług na rzecz dobra wspólnego.

Na przykład zapewnienie wszystkim dzieciom podstawowego wykształcenia nie musi kosztować państwa ani grosza. Można to zrobić, zatrudniając bezrobotnych nauczycieli, którzy będą dobrowolnie pracować w zamian za podstawowe środki do życia. Zabieg ten w znacznym stopniu przyczyni się do społecznej spójności wspólnoty i wraz z wyżej wymienionym szkoleniem będzie postrzegany jako uczestnictwo w tworzeniu lepszego świata, dając w ten sposób ludziom kolejną pozytywną motywację do pracy dla społeczności.

2) Szkolenie: Wspominaliśmy już o szkoleniu, które pomoże ludziom zrozumieć wzajemne powiązania i współzależną naturę naszego świata. Paradygmat społeczny integralnej edukacji sugeruje, iż każdy obywatel, a nawet każdy mieszkaniec kraju będzie mógł uczestniczyć w takim szkoleniu.

Szkolenie ma dwojaki cel - społeczny oraz ekonomiczny. Celem gospodarczym, który posiada bardziej dodatkową korzyść aniżeli cel sam w sobie, jest dostarczenie ludziom wiedzy niezbędnej do utrzymania się w czasach otrzymywania skromnych dochodów. Ta część szkolenia będzie obejmować edukację konsumentów (finanse osobiste), aby ludzie byli w stanie zarządzać swoimi gospodarstwami domowymi w sposób opłacalny ekonomicznie z wykorzystaniem ograniczonych zasobów finansowych.

Druga, bardziej rozbudowana część szkolenia będzie obejmować zagadnienia odnoszące się do postrzegania siebie jako części większej całości, którą łączy wspólny cel. Świadomość taka jest konieczna dla spójności całego społeczeństwa. Bez niej każdy człowiek będzie myślał jedynie o sobie w społeczeństwie, gdzie człowiek człowiekowi wilkiem.

Rosnący dysonans pomiędzy takiego rodzaju społeczeństwem a integracyjnym kierunkiem obecnej rzeczywistości bez wątpienia przyczyni się do zwiększenia i tak już nadmiernej presji na społeczne funkcjonowanie ludzi, czego wynikiem będzie krach całego społeczeństwa. Jeśli tak się stanie, wtedy, jak pokazuje historia i jak opisano to w poprzednich rozdziałach, Żydzi będą za to ponownie obwiniani, czego konsekwencje są łatwe do przewidzenia.

Stąd poniżej znajduje się lista tematów, które moim zdaniem powinny być zawarte w szkoleniu w ramach integralnej edukacji, aby przygotować ludzi do bardziej spójnego, trwałego i dlatego praktyczniejszego światopoglądu:

- Wzajemne powiązania w gospodarce, kulturze i społeczeństwie i co to oznacza dla każdego z nas. Temat ten szczegółowo omówi ewolucję pragnień i to, dlaczego, na czwartym poziomie rozwoju chcemy cieszyć się bogactwem, władzą i sława, czyli egocentrycznymi przyjemnościami, a także jak te pragnienia zmuszają nas do połączenia, chociaż w sposób negatywny, kiedy jeden człowiek wykorzystuje drugiego.

- Współzależność - dlaczego staliśmy się współzależni i jak to powinno wpływać na nasze relacje na poziomie osobistym, społecznym oraz politycznym. Ten temat powinien być kontynuacją wyjaśnienia ewolucji pragnień i pokazywać, dlaczego nasze pragnienia wykorzystywania siebie nawzajem czynią nas bardziej od siebie zależnymi. W miarę jak te pragnienia powodują, iż angażujemy się w coraz zacieśniające się relacje, skrywając jednocześnie złe intencje wobec siebie, stajemy sie coraz bardziej ze sobą powiązani, ponieważ coraz bardziej chcemy wykorzystywać się nawzajem. Mimo to jesteśmy w tych relacjach równie współzależni, gdyż jesteśmy uzależnieni od innych dla zaspokojenia naszych potrzeb.

- Poprawienie zdolności społecznych, emocjonalnych i mentalnych:

  a) Nauka radzenia sobie z bezrobociem i wynikającą z niego niewydolnością finansową, stresem i depresją.

  b) Nabycie zdolności komunikacyjnych, takich jak uczenie się słuchania innych, sposobów wyrażania swoich uczuć i potrzeb wyraźnie, szanowania innych, odczytywania języka ciała. Naszym celem jest tutaj, aby rozładować agresję i zapewnić lepsze wzajemne zrozumienie.

c) Rozwiązywanie konfliktów lokalnych bez użycia przemocy.

d) Udzielanie się towarzysko jako sposób uczenia się, samo-wzbogacania, łagodzenia napięć i przywrócenia wysokiej samooceny.

- Korzystanie z mediów: Jak wspomniano wyżej, mass media to najpotężniejsze narzędzie w kształtowaniu naszych poglądów i wartości. Z tego powodu mądre korzystanie z mediów może ograniczyć agresywne tendencje, zachęcać do prospołecznego zachowania i dostarczać niezbędnych informacji dla zrozumienia świata i naszego miejsca w nim. Gwoli jasności, określenie „media" nie odnosi się tylko do telewizji i radia, ale także do Internetu, gazet i niektórych form kultury pop, takich jak filmy i muzyka popularna.
- Umiejętności zarządzania czasem: Nauka korzystania z własnego czasu dla osobistego rozwoju, poszerzenia środowisk społecznych, nabycia nowych lub lepszych umiejętności zawodowych oraz dla pielęgnowania silniejszych i bardziej solidnych więzi rodzinnych.
- Kwalifikowanie stażystów jako trenerów podczas przyszłych kursów i szkoleń.

Również w przypadku, kiedy fizyczne uczestnictwo jest możliwe, szkolenia będą przeprowadzane poprzez działania społeczne, symulacje, pracę w grupach, gry i prezentacje multimedialne. Nauka nie będzie odbywać się w tradycyjnym formacie, w którym nauczyciel stoi i przemawia przed całą klasą. Przeciwnie, nauczyciel oraz uczniowie będą siedzieć w kręgu i rozmawiać ze sobą jak równy z równym, ucząc się w ten sposób poprzez wzajemne wzbogacenie i dzielenie się wiedzą. W przypadku, gdy obecność fizyczna nie będzie możliwa, struktura edukacyjna będzie w dużym stopniu oparta na działaniach interaktywnych, opartych na zasadzie e-learningu.

Rezultaty takiego szkolenia powinny być dwojakie: 1) zrozumienie, jak zarządzać swoim życiem prywatnym w dzisiejszym zmiennym środowisku społecznym oraz niestabilności gospodarczej; 2) zrozumienie, iż istnieje naturalne prawo ożywiające ten rozwój i że prawo to jest tak rygorystyczne i nieuchronne jak grawitacja, a także że w związku z tym musimy opanować nowe sposoby radzenia sobie z tą sytuacją dla naszego własnego dobra.

Chociaż wszyscy muszą wiedzieć, jak radzić sobie pod działaniem Prawa Współzależności, nałożonego na nas przez Prawo Obdarzania – Stwórcę, nie znaczy to, że każdy będzie musiał studiować Kabałę. Ci, którzy chcą się uczyć, mogą oczywiście to robić, ale ci, którzy nie mają pragnienia, aby osiągnąć Stwórcę, także przyczynią się do stworzenia „super-organizmu całej ludzkości" (używając określenia Christakis'a i Fowler'a), po prostu żyjąc zgodnie z prawem wzajemnego poręczenia bez zrozumienia wewnętrznych mechanizmów stworzenia.

Tak jak nie trzeba być wykwalifikowanym elektrykiem, aby włączyć światło skutecznie i w sposób bezpieczny, nie każdy musi być kabalistą czy też „ekspertem w działaniu Prawa Obdarzania", używając bardziej współczesnego określenia, aby z powodzeniem i bezpiecznie stosować Prawo Obdarzania w swoim życiu. W końcu prawo to istnieje przecież, *aby czynić dobro* Jego stworzeniom, tak jak dowiedzieliśmy się w rozdziale 2. Dlatego też wszyscy musimy nauczyć się, jak go używać prawidłowo, tak jak już nauczyliśmy się, w jaki sposób korzystać z energii elektrycznej, grawitacji, magnetyzmu oraz wszelkich innych praw czy sił naturalnych na naszą korzyść.

Podobnie jak elektrycy budują systemy, których każdy z nas używa bezpiecznie bez wiedzy zawodowej, kabaliści będą musieli zbudować systemy społeczne oraz edukacyjne, które zaszczepią właściwość obdarzania w społeczeństwie, tak aby każdy mógł korzystać z tych systemów w sposób korzystny nawet bez znajomości Kabały jako takiej.

3) Okrągły stół: środek, który ma zasadnicze znaczenie, a zatem zasługuje na uwagę sam w sobie; jest to forma dyskusji przy okrągłym stole. W tego typu rozmowie wszyscy uczestnicy mają równy status i reprezentują różne, często przeciwstawne poglądy na tematy, które są kluczowe dla dobra i kondycji wspólnoty, miasta, województwa czy kraju.

Celem obrad nie jest ani pogodzenie różnic, ani też osiągnięcie kompromisu. Raczej zadaniem jest znalezienie wspólnego mianownika, który stoi ponad konfliktami i sporami. Wynikiem znalezienia takiego wspólnego elementu jest to, że tematy sporu nagle wydają się znacznie mniej ważne niż uprzednio i bledną w porównaniu z uczuciem jedności i ciepła, jakie jest odczuwane przez uczestników spotkania. W następstwie tego rozwiązania bieżących konfliktów są łatwiejsze do znalezienia, w duchu dobrej wiary, w związku z nowo odkrytym *wspólnym* interesem.

W Izraelu kilka organizacji i ruchów wdrożyło już format dyskusji przy okrągłym stole. Ruch *Arvut* (wzajemne poręczenie) na przykład zastosował ten sposób dyskusji już *setki* razy i za każdym razem, kiedy został on użyty, uważany był za olbrzymi sukces przez samych uczestników. W ten sposób kwestie, które nie zostały rozstrzygnięte przez całe lata, zostały rozwiązane w ciągu zaledwie kilku godzin.

Do tej pory w Izraelu ten format dyskusji został wypróbowany w dużych miastach, wsiach i kibucach, we wioskach arabskich i Druzów, gromadząc skrajnie prawicowych osadników z Judei i Samarii z Arabami z Zachodniego Brzegu, w Knesecie (izraelskim parlamencie), a także pośród zmagających się z losem grup imigrantów z Etiopii oraz byłego Związku Radzieckiego. Spotkania te zakończyły się głębokim poczuciem jedności i ciepła obecnym przez cały okres ich trwania. Aby zobaczyć nagrane na wideo świadectwa z tych spotkań oraz w celu uzyskania większej ilości informacji na temat rozmów okrągłego stołu, zajrzyjcie na stronę http://www.arvut.org/en/round-table.

Dyskusje przy okrągłym stole były już prowadzone na całym świecie. Nowy Jork i San Francisco (USA), Toronto (Kanada), Frankfurt i Norymberga (Niemcy), Rzym (Włochy), Barcelona (Hiszpania), Petersburg i Perm (Rosja) - to tylko niektóre z wielu miejsc, gdzie została wdrożona ta forma dyskusji, a wszystkie z nich odniosły taki sam spektakularny sukces jak w Izraelu.

W duchu równości właściwe obrady obejmują również publiczność i zgodne są z następującą procedurą: panel jednostek, reprezentujących zróżnicowane, często skonfliktowane ze sobą interesy, siada wokół głównego stołu. Uczestnicy dyskusji wyrażają swoje poglądy na temat ustanowiony przez gospodarza imprezy.

Następnie publiczność zadaje pytania dyskutantom, na które odpowiada jeden lub więcej uczestników dyskusji. Zasadą, której nie wolno łamać, jest to, że dyskutanci nie negują wypowiedzi innych uczestników i nie wchodzą im w słowo. Krytyka osobista jest również surowo zabroniona. W ten sposób publiczność może usłyszeć różnorodność poglądów, które nie przeciwstawiają się sobie nawzajem, lecz *się uzupełniają*.

Następnie publiczność dzieli się na wiele okrągłych stołów i omawia pytania stawiane przez gospodarza w taki sam sposób i w duchu wykazanym przez panel dyskutantów. Na końcu uczestnicy poszczególnych stołów zbierają się ponownie w ogólne zgromadzenie, gdzie każdy stół przedstawia swoje wnioski, a także dzieli się wrażeniami z wydarzenia jako całości.

Ostatnio były nawet organizowane okrągłe stoły „online" i one także okazały się dużym sukcesem. Oczywiście, każdy kraj ma swoją niepowtarzalną mentalność, a każdy sposób przekazu – wydarzenie na żywo, spotkanie online czy audycja TV – ma swoje wady i zalety. Dlatego nie ma dwóch identycznych spotkań. Jednakże duch koleżeństwa i gotowość do wzajemnego poręczenia, które stoją u podstaw każdej takiej dyskusji, zapewniają sukces tych niezwykłych obrad. Chociaż zdecydowana większość społeczeństwa wciąż ma długą drogę do ucieleśnienia idei wzajemnego poręczenia, dyskusje takie, jak pokazują nagrania wideo, pozwalają oddać prawdziwy sens tego, co kryje się we wzajemnym poręczeniu.

Integralnie wykształcone dzieci

Podczas gdy dorośli muszą wziąć odpowiedzialność za pozytywną zmianę swojego środowiska społecznego, sytuacja jest znacznie bardziej skomplikowana w odniesieniu do dzieci i młodzieży. W tej materii obowiązkiem dorosłych – nauczycieli i wychowawców – czy to poprzez inicjatywy prywatne, czy też przy wsparciu rządu, jest zbudować środowisko prowadzące do spójności i ją promujące.

Obecny system edukacji popiera niesłabnącą konkurencję. Sama w sobie konkurencja jest naturalna i nie jest właściwie czymś negatywnym, ale jeśli weźmiemy pod uwagę dzisiejszą kulturę konkurencji oraz to, co ona z nami robi, a jeszcze bardziej co robi z naszymi dziećmi, staje się jasne, że mocno jej nadużywamy.

W publikacji pod tytułem „No Contest: The Case Against Competition" (Bez rywalizacji: Sprawa przeciw konkurencji) Alfie Kohn, znany dysydent konkurencji, zacytował psychologa Elliota Aronsona: „Od zawodnika Małej Ligi, który wybucha płaczem po przegranej swojej drużyny, do studentów na stadionie piłkarskim skandujących 'Jesteśmy numer jeden!'; od Lyndona Johnsona, którego osąd został prawie na pewno zniekształcony przez jego często przywoływane pragnienie, aby nie być pierwszym amerykańskim prezydentem, który przegrał wojnę, do trzecioklasisty, który pogardza swoim kolegą za lepszy wynik na teście z arytmetyki – manifestujemy naszą zdumiewającą obsesję na punkcie zwycięstwa"[260].

Rzeczywiście, biblioteki oraz Internet roją się od opisów badań wskazujących, iż współzawodnictwo i indywidualizm są złe, natomiast współpraca i współdziałanie - dobre zarówno w pracy, jak i w szkole. Jeffrey Norris opublikował historię w UCSF News Center pod tytułem „Yamanaka's Nobel Prize Highlights Value of Training and Collaboration" (Nagroda Nobla Yamanaki podkreśla wartość szkoleń i współpracy). W historii tej Norris stwierdził, iż „Samotny naukowiec pracujący do późna w nocy, aby zakończyć przełomowy eksperyment, który prowadzi do chwili olśnienia i samotnej radości, może być sceną z hollywoodzkich filmów, ale w rzeczywistości nauka jest przedsięwzięciem wysoce społecznym"[261]. Później w części „Synergistic Collaboration Drives Progress" (Synergiczna współpraca napędza postęp) dodaje: „W otwartych układach nowoczesnego laboratorium naukowego każdy z głównych badaczy naukowych pracuje z kilkoma współpracownikami, studentami i technikami i żaden zwiedzający gość nie jest w stanie powiedzieć, gdzie kończy się jedno laboratorium, a gdzie się zaczyna następne. Idee naukowe i koleżeństwo są wspólnie pielęgnowane w interaktywnym środowisku"[262].

Tak samo jest w szkole. Liczne eksperymenty zostały przeprowadzone w celu zbadania korzyści wynikających ze współpracy w systemie edukacji. W eseju zatytułowanym „An Educational Psychology Success Story: Social Interdependence Theory and Cooperative Learning" (Historia sukcesu psychologii edukacyjnej: Teoria współzależności społecznej i wspólna nauka) profesorowie David W. Johnson i Roger T. Johnson z Uniwersytetu w Minnesocie wypowiadają się za teorią „współzależności społecznej". Napisali oni: „Ponad 1200 badań naukowych zostało przeprowadzonych w ciągu ostatnich 11 lat na temat współpracy, współzawodnictwa i wysiłków indywidualnych. Wyniki tych badań potwierdziły, zmodyfikowały, wyklarowały i rozszerzyły tę teorię"[263].

Następnie autorzy przeszli do podania szczegółów wyników swoich badań. Porównali oni skuteczność wspólnej nauki z powszechnie stosowanym indywidualnym, konkurencyjnym sposobem nauki. Wyniki były jednoznaczne. W kwestii indywidualnej odpowiedzialności doszli do następującego wniosku: „Pozytywna współzależność, która wiąże członków grupy ze sobą, doprowadza do poczucia odpowiedzialności za (a) dokonanie własnego udziału w pracy oraz (b) ułatwienie pracy innym członkom grupy. Ponadto, kiedy wydajność jednej osoby wpływa na rezultaty pracy jej współpracowników, osoba ta czuje się odpowiedzialna za pomyślność współpracowników w takim samym stopniu jak własny sukces. Porażka samego siebie jest zła, ale porażka innych jest jeszcze gorsza"[264]. Innymi słowy, pozytywna współzależność zamienia ludzi z jednostek indywidualistycznych na opiekuńcze współpracujące, co jest całkowitym przeciwieństwem obecnej tendencji wzrostu indywidualizmu aż do punktu narcyzmu[265].

Johnson & Johnson rozróżniają pomiędzy pozytywną współzależnością a negatywną współzależnością. Pozytywny rodzaju współzależności pociąga za sobą „...pozytywną korelację pomiędzy osiągnięciami celu przez poszczególne jednostki; jednostki te dostrzegają, iż mogą osiągnąć swoje cele wtedy i tylko wtedy, gdy inne osoby, z którymi są one wspólnie połączone, także osiągają swoje cele"[266]. Negatywny rodzaj współzależności oznacza, że „jednostki dostrzegają, że mogą osiągnąć swoje cele wtedy i tylko wtedy, gdy inne osoby, z którymi są związane w sposób konkurencyjny, nie osiągają swoich celów"[267].

W celu wykazania korzyści wynikających ze współpracy naukowcy zmierzyli wyniki studentów, którzy współpracowali ze sobą w porównaniu do wyników tych, którzy ze sobą rywalizowali. W swoich ustaleniach napisali: „Przeciętny człowiek współpracujący osiągnął wynik około dwóch trzecich odchylenia standardowego wyższy od wyniku przeciętnej osoby, wykonującej zadanie w warunkach konkurencyjnych lub indywidualistycznych"[268].

Aby zrozumieć sens takiego odchylenia powyżej średniej, trzeba zauważyć, że jeśli dziecko jest przeciętnym, „trójkowym" uczniem, to współpracując, jego oceny podskoczą w zadziwiający sposób do poziomu oceny bardzo dobrej. Johnsons także zauważył, że: „Współpraca w porównaniu z wysiłkami, opartymi na konkurencyjności oraz indywidualizmie, przyczynia się do promowania większej retencji długoterminowej, wyższej motywacji wewnętrznej i większego oczekiwania sukcesu, bardziej twórczego myślenia... i bardziej pozytywnej postawy wobec zadań oraz samej szkoły"[269]. Innymi słowy, nie tylko dzieci korzystają z tej prospołecznej postawy, ale całe społeczeństwo na tym zyskuje.

Na początku 2012 roku byłem współautorem wraz z profesorem psychologii i Gestalt-terapeutą dr. Anatolijem Ulianowem książki pod tytułem „The Psychology of the Integral Society" (Psychologia integralnego społeczeństwa). Książka ta szczegółowo opisuje istotę integralnej edukacji ze szczególnym odniesieniem do dzisiejszego, zbyt konkurencyjnego już społeczeństwa. W istocie książka sugeruje, że ponieważ współzawodnictwo jest nieodłącznym elementem ludzkiej natury – jak szczegółowo omówiono to wcześniej w tej książce w kwestii aspiracji stopnia mówiącego do bogactwa, władzy i sławy – nie powinniśmy go hamować. Ale zamiast pragnąć być królem (lub królową) własnego podwórka - by tak rzec - możemy tworzyć i pielęgnować atmosferę społeczną, która promuje konkurencję w dziedzinie wsparcia i pomocy innym.

Ci, którzy powinni zostać zwycięzcami takiego współzawodnictwa, to ludzie robiący najwięcej, aby innym żyło się lepiej. W pewnym sensie jest to konkurencja dla tych, którzy kochają najbardziej innych. W ten sposób naturalna tendencja u dzieci, aby dominować - a konkretnie dominować nad innymi, nie jest hamowana, co pozwala im realizować ich pełen potencjał, jednocześnie kierując go w stronę korzyści dla społeczeństwa, a nie tylko dla siebie samego, ponieważ jedynym sposobem wygrania tego rodzaju konkurencji jest bycie najlepszym w czynieniu dobra. W ten sposób współzawodnictwo staje się narzędziem dla inicjowania właściwości obdarzania u dzieci.

Aby wspierać tę zdrową atmosferę, stosunki pomiędzy rówieśnikami oraz relacje nauczyciel-uczeń muszą odzwierciedlać te prospołeczne wartości. Pociąga to za sobą wprowadzenie pewnych zmian do tradycyjnego stylu nauczania. Założeniem integralnej edukacji jest to, że obecnie najważniejszym wyzwaniem edukacji nie jest przekazywanie informacji, ale raczej wyrabianie zdolności, za pomocą których można szybko pozyskać informacje w sposób, który najlepiej służy różnym celom uczniów.

Jest to odejście od tradycyjnego paradygmatu, co wynika z faktu, iż dzisiejsze życie bardzo różni się od tego z czasów rewolucji przemysłowej, podczas której narodziła się koncepcja wykładu akademickiego. W epoce informacyjnej dane gromadzą się tak szybko, że dotychczasowe doświadczenia mogą posłużyć jedynie za podstawę do dalszej nauki. W ramach przygotowań do dzisiejszego świata dorosłych uczniowie bardziej potrzebują informacji na temat tego, *jak* mają się uczyć, aniżeli potrzebują samego absorbowania informacji.

Co więcej, ze względu na powiązania i współzależność natury dzisiejszego świata, dzieci od początku muszą zrozumieć, że sam interes własny nie może doprowadzić ich do osiągnięcia szczęścia. Raczej, jak wykazali Johnson & Johnson, wzajemna troska i otwartość na innych będzie tym, co zwiększy im szansę na sukces i szczęście.

Jednakże dzieci muszą doświadczyć wzajemnego połączenia, istniejącego w świecie, w prawdziwym życiu, a nie tylko słyszeć lub mówić o tym. Jednym z praktycznych sposobów osiągnięcia tego celu jest przekształcenie klasy w pewien rodzaj mikrokosmosu, mini-środowiska, małej rodziny, gdzie każdy dba o siebie nawzajem.

W tym celu integralna edukacja (IE) proponuje, aby uczniowie i nauczyciele – albo „wychowawcy", jak określa ich IE – usiedli w kręgach, gdzie nauka będzie odbywać się poprzez ożywione dyskusje na dany temat. Kręgi te umiejscawiają pedagoga i uczniów na tym samym poziomie, tak więc wychowawca może w delikatny sposób poprowadzić dyskusję pod kątem danego zagadnienia, a co jest nawet ważniejsze pod kątem wzajemnego zrozumienia bez dominacji i wyniosłości.

Inną ważną kwestią jest sam program nauczania. Powinien on odzwierciedlać połączoną naturę naszego świata. Program nauczania powinien również wspierać integrację tematów w ramach różnych przedmiotów. Tak więc przedmioty, takie jak matematyka, fizyka i biologia, nie będą prowadzone oddzielnie, ale w kontekście natury jako całości, gdyż faktycznie, zgodnie z jej prawami, funkcjonują te trzy dyscypliny nauki.

Integracja powinna być nieodłącznym elementem rzeczywistej nauki, co uczyni całkiem prawdopodobnym, iż zobaczymy wtedy uczniów stosujących prawa biologii w nauce przedmiotów humanistycznych. W końcu przecież ludzkość została już nazwana „superorganizmem", więc zastosowanie praw biologii do całego społeczeństwa ludzkiego wydaje się być elementem ewolucji naturalnej.

Także godnym uwagi jest fakt, że w IE nauczycielami często nie są nauczyciele, ale *starsi uczniowie*. Zwiększa to ogólną spójność i koleżeństwo wśród uczniów z różnych grup wiekowych, rozwija werbalne i pedagogiczne umiejętności młodych wychowawców oraz skutkuje daleko głębszym przyswajaniem informacji u nauczających, ponieważ to oni muszą tego nauczać.

Ale przede wszystkim, kiedy nauczają młodzi nauczyciele, a nie dorośli, problemy z dyscypliną stają się praktycznie w większości nieaktualne. Ponieważ młodsze dzieci w naturalny sposób poważają dzieci, które są starsze od nich o dwa lub trzy lata, zamiast obrażać się na wychowawców, jak często ma to miejsce w przypadku dorosłych nauczycieli, starają się zdobyć ich względy, prześcigając się w byciu najlepszymi uczniami. Jeśli połączymy tego rodzaju ambicje z wyżej wymienionym pragnieniem, aby zostać najlepszym w byciu dobrym, stworzymy przez to atmosferę szkoły, do której dzieci będą chętnie iść rano i w której będą wyrastać na dojrzałych ludzi pewnych siebie i nastawionych *prospołecznie*.

Zgodnie z celami IE sama nauka będzie odbywać się w grupach, ponieważ jest to najkorzystniejsza forma nauki dla pielęgnowania umiejętności społecznych i wpajania informacji, według badań przeprowadzonych przez Johnson i Johnson, cytowanych powyżej. Zatem ocena studenta nie będzie odnosić się do jego zdolności zapamiętywania i odtwarzania na standardowym teście. Raczej ocena będzie należała do kompetencji grup, a nie indywidualnego nauczyciela. Zwiększy to jeszcze bardziej poczucie odpowiedzialności grupowej i wzajemnego poręczenia wśród uczniów.

Nauczyciele i wychowawcy będą regularnie wysyłać raporty do rodziców i dyrektorów szkół w zakresie postępu społecznego oraz edukacyjnego dzieci. Ponieważ nauczyciele będą znacznie bliżej uczniów, niż pozwalają na to dzisiejsze metody nauczania, będą w stanie dostrzec pojawiający się problem u dziecka, zanim ten doprowadzi do poważnego kryzysu.

Raz w tygodniu uczniowie powinni opuścić budynek szkoły i pójść na wycieczkę. W celu poznania świata, w którym żyją, system edukacji musi zapewnić uczniom wiedzę z pierwszej ręki na temat instytucji, które mają wpływ na ich życie, organizacji zarządzających, a także historii i charakteru miejsca, w którym żyją. Takie wyjścia powinny obejmować muzea, wycieczki po okolicznych terenach, wizyty w gospodarstwach rolnych, w fabrykach, w szpitalach, a także wizyty w instytucjach rządowych, komisariatach i tak dalej.

Każda z tych wycieczek będzie wymagała odpowiedniego przygotowania, które zapewni uczniom wcześniejszą wiedzę na temat miejsca, które mają odwiedzić, roli tego miejsca w społeczeństwie, jego wkładu w życie społeczne, a także genezy powstania danego miejsca lub instytucji.

Na przykład przed wycieczką do lokalnego komisariatu policji uczniowie przeanalizują ten temat w Internecie, jeśli to możliwe z wykorzystaniem konkretnych informacji odnośnie komisariatu, który mają odwiedzić. Dowiedzą się, jak policja doszła do jej aktualnego trybu działania, jak przekłada się to na rzeczywistość życia w naszym społeczeństwie oraz jaka w ich wyobrażeniu byłaby ewentualna alternatywa dla bieżącej pracy policji.

W ten sposób dzieci będą uczyć się o świecie, w którym żyją, rozwijać twórcze myślenie, wyobrażając sobie bardziej pożądaną przyszłość, będą ćwiczyć pracę zespołową oraz polepszać własne umiejętności uczenia się. Po takiej wycieczce dalsze dyskusje umożliwią uczniom podzielenie się tym, czego się nauczyli, dadzą okazję do wyciągnięcia wniosków, poczynienia pewnych sugestii i porównania tego, co się dowiedzieli, z wiedzą, jaką posiadali wcześnie na dany temat.

Można jeszcze dużo więcej powiedzieć na temat tego typu szkół, na przykład w odniesieniu do relacji rodzice-szkoła-uczeń, podejściu do pracy domowej, zalecanego czasu przebywania w szkole, wakacji, polityki kar i nagród etc. Dalsze rozwijanie tego tematu leży poza zakresem tematu tej książki, jednakże idee IE powinny być jasne: dzieci muszą uczyć się w środowisku wzajemnych powiązań i bezpośrednio doświadczać wszelkich korzyści, wynikających z życia w takim środowisku.

Nasz przywilej, nasz obowiązek, nasz czas

Ostatnią rzeczą, o której należy wspomnieć w kwestii edukacji dorosłych, młodzieży i dzieci, jest to, iż żadna forma kształcenia zintegrowanego nie odniesie sukcesu, jeśli jego celem będzie poprawienie jedynie naszego życia materialnego. Chociaż jest to pożądanym celem, nie zostanie on osiągnięty bez głębokiego zrozumienia, iż cała ludzkość zmierza w kierunku ery wzajemnego powiązania i współzależności, ponieważ *takie jest Prawo Natury.*

Nie musimy nazywać tego „Stwórcą". Nie ma potrzeby, aby ktokolwiek dążył do osiągnięcia wyższego, głębszego, szerszego poziomu percepcji, chyba że taka jest czyjaś wola. Jednak ludzie *będą* musieli wiedzieć, iż równoważność formy - bycie jak Prawo Natury, czyli wzajemnie połączeni - nakazuje nam dostosować odpowiednio sposób naszego życia.

Ci, którzy będą przygotowywać programy nauczania i projektować cykle nauczania, będą musieli być tymi, o których pisano powyżej, czyli kabalistami. Jak już wspomniano, studia Kabały nie będą obowiązkowe, ponieważ tylko ci, którzy chcą się zmienić, poświęcić się służbie innym i prawdziwie osiągnąć właściwość obdarzania, poświęcą się temu powołaniu.

To prawda, że taka transformacja społeczna jest wielkim zadaniem. Ale przecież my, Żydzi, zostaliśmy przekształceni wcześniej i czy w sposób świadomy, czy też nie, wspomnienie tej transformacji istnieje w nas wszystkich. Żaden inny naród nie dostał zadania odkupienia ludzkości i żaden inny naród nie dostał wrodzonych narzędzi, aby tego dokonać. To jest naszym powołaniem; to jest naszym przywilejem; jest to naszym obowiązkiem i jest to nasz czas.

Właśnie z tego poczucia konieczności naszego zaangażowania powstała powyższa metoda edukacyjna. Może wydawać się ona dość niekonwencjonalna, ale jej fundamenty są głęboko zakorzenione w naszej historii i tkwią głęboko w naszej duszy, natomiast jej „założenia" zostały już pomyślnie przetestowane

przez inne doktryny. Powiedzie się to, jeśli się zjednoczymy,
a okaże fiaskiem, kiedy tego nie zrobimy. Jak powiedzieli nasi
mędrcy: „Wielki jest pokój, bo nawet gdy Izrael oddaje się kul-
towi bożków, ale jest pośród nich pokój, Stwórca mówi: 'To tak,
jakbym nie miał władzy nad nimi, ponieważ jest pokój między
nimi'"[270].

Chciałbym zakończyć odniesieniem się do słów Baal
HaSulama na końcu jego „Wstępu do Księgi Zohar". Kończy on
swoje wprowadzenie stwierdzeniem, że jeśli Izrael wykona swoją
misję i przyniesie szczęście światu poprzez jedność i osiągnięcie
właściwości obdarzania, słowa proroka Izajasza wypełnią się, a
narody świata przyłączą się do nas i pomogą nam w naszej misji.
Jak cytuje Baal HaSulam: „Tak mówi Pan Bóg: 'Oto Ja wzniosę
dłoń do narodów i w ich stronę wzniosę swój sztandar: i wezmą
twoich synów w objęcia, a córki twoje będą niesione na barkach'".
(Izajasza 49:22)

Posłowie

Ludzkość zasługuje na to, aby zjednoczyć się w jedną wielką rodzinę. Wówczas to ustaną wszystkie kłótnie i zła wola, które wynikają z podziałów pomiędzy narodami. Jednakże świat wymaga ukojenia, dzięki któremu ludzkość zostanie udoskonalona poprzez unikalne cechy każdego narodu. Ten obecny brak jedności zostanie wypełniony przez Zgromadzenie Izraela.

Raw Kook, *Orot HaRaaiah* [Światła Raaiah],
Szawuot, s. 70

Napisanie tej książki nie było łatwe. Napisałem już wiele książek, ale żadna nie była tak emocjonalnie wymagająca, ani też intelektualnie trudna. Od wielu lat jestem świadomy zadania, które stoi przed nami, ale zawsze wahałem się, czy pisać o tym bezpośrednio do moich żydowskich braci. Nie chciałem być postrzegany jako osoba protekcjonalna czy apodyktyczna, a bycie pouczającym czy upominającym nie znajduje się na wysokim miejscu mojej listy „rzeczy do zrobienia".

A jednak moje studia kabalistyczne wraz z Rabaszem nauczyły mnie, że kierunek, w jakim zmierza świat, jest drogą kończącą się wielkim chaosem. Właśnie dlatego ojciec Rabasza Baal HaSulam, jak również jego syn byli bardziej chętni do rozpowszechniania tej starożytnej mądrości jako lekarstwa na rosnący egotyzm ludzkości niż którykolwiek z wcześniejszych kabalistów.

Baal HaSulam obawiał się rosnącej globalnej współzależności już we wczesnych latach trzydziestych ubiegłego wieku, kiedy to bardzo niewielu ludzi na świecie było świadomych tego procesu. Wiedział, że doprowadzi to do powstania nierozwiązywalnego kryzysu, jeśli ludzkość nie poprze tej wzajemnej zależności za pomocą wzajemnego poręczenia, wiedział też, że natura ludzka nie byłaby w stanie tolerować kontrastu pomiędzy współzależnością a wzajemną niechęcią.

W tym samym czasie, nawet na tak wczesnym etapie naszej globalizacji, Baal HaSulam zdał sobie sprawę, że proces ten jest nieodwracalny, że ponieważ jesteśmy częścią pojedynczej duszy, jednego pragnienia, zatem jesteśmy z natury ze sobą powiązani. Wiedział również, podobnie jak wszyscy mędrcy cytowani w tej książce, że celem, dla którego zostaliśmy stworzeni, nie jest to, abyśmy byli sobie obcy i nienawistni, lecz abyśmy związali się i zjednoczyli dzięki właściwości obdarzania.

Dzisiaj widzimy już, do jakiego stopnia miał on rację. Trwamy w stanie beznadziejnego rozdzielenia, chociaż nam to nie służy. Nasze systemy społeczne, takie jak gospodarka, służba zdrowia i edukacja, zakładają, że zła wola jest podstawą ludzkich relacji, dlatego każda z tych jednostek opiera się na przepisach, ustawodawstwie i pracy radców prawnych.

Jednakże taki sposób działania jest niezrównoważony. Tak jak w dobrych rodzinach dobra wola obecna jest wśród jej członków, tak wszyscy członkowie rodziny ludzkiej muszą nauczyć się ufać sobie wzajemnie.

Jednak, jak pokazano w całej tej książce, ponieważ nasze ego nieustannie ewoluuje i zaznacza naszą wyjątkowość, a nie naszą jedność, potrzebujemy metody, która pomogłaby nam osiągnąć tę jedność ponad różnicami między nami bez tłumienia tych różnic czy ich niwelowania. Metoda ta jest zakorzeniona w duchowym dziedzictwie naszego narodu i jest darem Żydów dla ludzkości, zbawieniem, którego wszystkie narody oczekują od Żydów.

Dar ten może być przekazany za pośrednictwem mądrości Kabały, poprzez integralną edukację, za pomocą środków, o których Baal HaSulam pisał w „Narodzie", czy też za pomocą wszelkich innych środków, które przyniosą fundamentalną zmianę w ludzkiej naturze od podziału do jedności, od wrogości do wzajemnej troski i empatii. Jeśli osiągniemy tę jedność, to im bardziej będziemy się różnić w naszym charakterze, tym silniejsza i cieplejsza będzie więź pomiędzy nami. Jak opisał to rabin Nathan Sternhertz, „Wszystko zależy przede wszystkim od człowieka, który stoi w centrum stworzenia i od którego wszystko zależy. Oto dlaczego zasada 'Miłuj bliźniego jak siebie samego' to wielki *klal* („zasada", ale także „zbiorowość") Tory, aby łączyć się w jedności i pokoju, co jest sercem witalności, wytrwałości oraz naprawy całego stworzenia, dokonanej przez ludzi o różnych poglądach, połączonych w miłości, jedności i pokoju"[271].

Rzeczywiście, piękno naszego narodu zawiera się w jego jedności, w jego spójności. Nasz naród wziął swój początek od grupy ludzi, których łączyło wspólne pragnienie: odkryć podstawową siłę życia. Odkryliśmy, że jest nią jedno słowo - „miłość", i my odkryliśmy to, ponieważ rozwinęliśmy tę właściwość w nas. Ta siła miłości zjednoczyła nas i w duchu miłości staraliśmy się podzielić naszym odkryciem z każdym, kto tego chciał.

Z czasem utraciliśmy to połączenie, najpierw ze sobą nawzajem, a następnie z siłą, którą odkryliśmy dzięki naszej więzi. Ale obecnie świat potrzebuje nas, abyśmy na nowo rozpalili ogień tej więzi, najpierw pośród siebie, a następnie wśród całej ludzkości.

Jesteśmy utalentowanym narodem, narodem obdarzonym darem miłości, która jest właściwością Stwórcy. Otrzymanie tego daru jest celem, dla którego została stworzona ludzkość, a my jesteśmy jedynym kanałem, przez który ta miłość może popłynąć do wszystkich narodów. Od zarania ludzkości „nigdy tak niewielu nie zawdzięczało tak wiele tak wielu", parafrazując słowa Winstona Churchilla. A jednak nigdy wcześniej tak niewielu było w stanie dać tak wiele tak wielu.

W rzeczy samej, jak mówi Baal HaSulam: „Naród izraelski ma za zadanie przysposobić siebie i cały lud świata do rozwoju, dopóki nie wezmą na siebie tego podniosłego dzieła miłości bliźniego, będącego drabiną do osiągnięcia celu Stworzenia, którym jest *Dwekut* (równoważność formy) z Nim"[272].

Przypisy końcowe

1. Rav Yehuda Leib HaLevi Ashlag (Baal HaSulam), *The Writings of Baal HaSulam*, "The Writings of the Last Generation" (Ashlag Research Institute: Israel, 2009), 813-814.
2. *Masechet Derech Eretz Zuta*, Chapter 9.
3. *Masechet Yoma*, p 9b.
4. Rabbi Kalonymus Kalman Halevi Epstein, *Maor va Shemesh (Light and Sun)*, *Parashat* (Portion) Balak
5. Jean M. Twenge and W. Keith Campbell, *The Narcissism Epidemic: Living in the Age of Entitlement* (New York: Free Press, A Division of Simon & Schuster, Inc. 2009), 1.
6. Jean M. Twenge and W. Keith Campbell, *The Narcissism Epidemic*, 1-2.
7. Rav Moshe Ben Maimon (Maimonides), *Mishneh Torah (Repetition of the Torah*, a.k.a. *Yad HaChazakah* (*The Mighty Hand*)), Part 1, "The Book of Science," Chapter 1, Item 3.
8. Rabbi Yehuda HaLevi, *The Kozari*, "First Essay," item 31, 60.
9. HaRav Avraham Yitzchak HaCohen Kook, *Letters of the RAAIAH 3* (Mosad HaRav Kook, Jerusalem, 1950), 194-195.

10. Yehuda Leib Arie Altar (ADMOR of Gur), *Sefat Emet* [*Truthful Lips*], *Parashat Yitro* [Portion, Jethro], *TARLAZ* (1876).

11. Rabbi Shmuel Bornstein, *Shem MiShmuel* [*A Name Out of Samuel*], *Haazinu* [Give Ear], *TARAP* (1920).

12. ibid.

13. Rav Yehuda Leib HaLevi Ashlag (Baal HaSulam), *The Writings of Baal HaSulam*, "Peace in the World" (Ashlag Research Institute, Israel, 2009), 464-5.

14. Rav Yehuda Leib HaLevi Ashlag (Baal HaSulam), *The Writings of Baal HaSulam*, "The Love of God and the Love of Man" (Ashlag Research Institute, Israel, 2009), 486.

15. Yehuda Leib Arie Altar (ADMOR of Gur), *Sefat Emet* [*Truthful Lips*], *Parashat Yitro* [Portion, Jethro], *TARLAZ* (1876).

16. *Sefer HaYashar* [*The Book of the Upright One*], Portion Noah, *Parasha* 13 item 3.

17. *Pirkey de Rabbi Eliezer* [*Chapters of Rabbi Eliezer*], Chapter 24

18. ibid.

19. Rav Moshe Ben Maimon (Maimonides), *Mishneh Torah* (*Yad HaChazakah* (*The Mighty Hand*)), Part 1, "The Book of Science," Chapter 1, Item 1.

20. Maimonides, *Yad HaChazakah* (*The Mighty Hand*), Part 1, "The Book of Science," Chapter 1, Item 3.

21. Rav Yehuda Leib HaLevi Ashlag (Baal HaSulam), *The Writings of Baal HaSulam*, "Peace in the World" (Ashlag Research Institute, Israel, 2009), 406-7.

22. Maimonides, *Yad HaChazakah* (*The Mighty Hand*), Part 1, "The Book of Science," Chapter 1, Item 3.

23. *Midrash Rabbah, Beresheet*, Portion 38, Item 13.

24. *Midrash Rabbah, Beresheet*, Portion 38, Item 13.

25. Maimonides, *Yad HaChazakah* (*The Mighty Hand*), Part 1, "The Book of Science," Chapter 1, Item 3.

26. ibid.

27. ibid.

28. Rabbi Meir Ben Gabai, *Avodat HaKodesh* [*The Holy Work*], Part 3, Chapter 27.

29. Elimelech of Lizhensk, author of *Noam Elimelech* (*The Pleasantness of Elimelech*), *Likutei Shoshana* ("Collections of the Rose") (First published in Levov, Ukraine, 1788), obtained from http://www.daat.ac.il/daat/vl/tohen.asp?id=173

30. Shlomo Ephraim Luntschitz, author of *Keli Yakar* [*Precious Vessel*], *Concerning Beresheet* [Genesis], 32:29.

31. Chaim ibn Attar, in *Ohr HaChaim* [*Light of Life*], *Bamidbar* [Numbers], Chapter 23, Item 8, https://sites.google.com/site/magartoratemet/tanach/orhahaym

32. Baruch Shalom Ashlag (Rabash), in *The Writings of Rabash*, Vol. 1, Article no. 9, 1988-89 (Israel: Ashlag Research Institute, 2008), 50, 82, 163.

33. Rabbi Meir Ben Gabai, *Avodat HaKodesh* [*The Holy Work*], Part 2, Chapter 16.

34. Rabbi Isaiah HaLevi Horowitz (The Holy Shlah), *Toldot Adam* [*The Generations of Man*], "The House of David," 7.

35. Rav Yehuda Leib HaLevi Ashlag (Baal HaSulam), *The Writings of Baal HaSulam*, "Introduction to the Preface to the Wisdom of Kabbalah" (Ashlag Research Institute, Israel, 2009), 155.

36. Rav Yehuda Leib HaLevi Ashlag (Baal HaSulam), *The Writings of Baal HaSulam*, "Introduction to the Book of Zohar" (Ashlag Research Institute, Israel, 2009), 432.

37. Rabbi Shlomo Ben Yitzhak (RASHI), *The RASHI Interpretation on the Torah*, "On Exodus," 19:2.

38. Midrash Tanah De Bei Eliyahu Rabah, Chapter 28.

39. Midrash *Tanhuma*, *Nitzavim*, Chapter 1

40. Ithak Eliyahu Landau, Rabbi Shmuel Landau, *Masechet Derech Eretz Zutah*, Chapter 9, items 28-29 (Vilna: Printer: Rabbi Hillel, 1872), 57-58.

41. Babylonian Talmud, *Masechet Berachot* [Treaties Blessings] p 44a; Maimonides, *Mishneh Torah*, "Rules of Blessings," Chapter 8, Rule 14; Rav Moshe Cordovero (the Ramak), *An Orchard of Pomegranates*, Gate 23, Chapter 5; and numerous others.

42. Rabbi Isaiah HaLevi Horowitz (The Holy Shlah), *Masechet Pesachim*, Sixth Interpretation, (27); Rabbi Menachem Nachum of Chernobyl, *Maor Eynaim* [*Bright Eyes*], *Lech Lecha* [Go Forth], Rabbi Tzadok HaCohen of Lublin, *The Thoughts of the Diligent*, item 19, and many others.

43. Yehuda Ashlag, *Talmud Eser Sefirot* (*The Study of the Ten Sefirot*), Part 1, *Histaklut Pnimit* (Inner Reflection), Chapter 2, items 10-11 (Jerusalem: M. Klar, 1956), 17.

44. ibid.

45. Rabbi Isaiah HaLevi Horowitz (The Holy Shlah), *Masechet Pesachim*, Sixth Interpretation, (27).

46. Rabbi Nathan Sternhertz, *Likutey Halachot* [*Assorted Rules*], "Rules of *Tefilat Arvit* [Evening Prayer]," Rule no. 4.

47. Yehuda Ashlag, *Talmud Eser Sefirot* (*The Study of the Ten Sefirot*), Part 1, "Introduction to the Study of the Ten Sephirot," items 104-105 (Jerusalem: M. Klar, 1956), 31.

48. Rav Yehuda Leib HaLevi Ashlag (Baal HaSulam), *The Writings of Baal HaSulam*, "Introduction to the Book, *Panim Meirot uMasbirot* [Shining and Welcoming Face]" (Ashlag Research Institute, Israel, 2009), 150.

49. Rabbi Itzhak Luria (the Holy ARI), *Tree of Life*, Gate 39, Article no. 3.

50. Rabbi Meïr Leibush ben Iehiel Michel Weiser (The MALBIM), on 1Kings, 8:10, Section, "Explanation of the Matter."

51. Rabbi Pinhas HaLevi Horovitz, *Sefer HaMikneh* [*The Deed Of Purchase*], *Masechet Kidhushin* [Treatise Betrothal], p 82a.

52. Rabbi Abraham Ben David, (The RABaD), *The RABaD Commentary on The Book of Creation*, Chapter 2, Study no. 2.

53. Rav Yehuda Leib HaLevi Ashlag (Baal HaSulam), *The Writings of Baal HaSulam*, "The Freedom" (Israel: Ashlag Research Institute, 2009), 415.

54. Rabbi Nathan Neta Shapiro, *Reveals Deep Things, Parashat Shemot* [Exodus].

55. Rav Yehuda Leib HaLevi Ashlag (Baal HaSulam), *The Writings of Baal HaSulam*, "Introduction to the Book, *Panim Meirot uMasbirot* [Shining and Welcoming Face]" (Ashlag Research Institute, Israel, 2009), 134.

56. Maimonides, *Yad HaChazakah (The Mighty Hand)*, Part 1, "The Book of Science," Chapter 1, Item 1.

57. Rav Yehuda Leib HaLevi Ashlag (Baal HaSulam), *The Writings of Baal HaSulam*, "Introduction to The Book of Zohar," items 43-44 (Ashlag Research Institute, Israel, 2009), 444.

58. Rav Baruch Shalom Ashlag (the Rabash), *The Writings of Rabash*, "On My Bed at Night" (Ashlag Research Institute, Israel, 2008), 129.

59. Rabbi Shimon Bar Yochai (Rashbi), *The Book of Zohar* (with the *Sulam* [Ladder] Commentary by Baal HaSulam, *New Zohar, Parashat Toldot*, vol. 19, item 31 (Jerusalem), 8-9.

60. Rabbi Isaiah HaLevi Horowitz (The Holy Shlah), *Masechet Sukkah* [Treatise, *Sukkah*], Chapter, "Torah, Light" (13).

61. Rabbi Naphtali Tzvi Yehuda Berlin (The NATZIV of Volojin), *Haamek Davar* [*Delve Deep in the Matter*] about *Beresheet* [Genesis], Chapter 47:28.

62. *Pirkey de Rabbi Eliezer* [*Chapters of Rabbi Eliezer*], Chapter 24

63. Rav Yehuda Leib HaLevi Ashlag (Baal HaSulam), *The Writings of Baal HaSulam*, "Introduction to the Book, *Panim Meirot uMasbirot* [Shining and Welcoming Face]" (Ashlag Research Institute, Israel, 2009), 134.

64. Rabbi Isaiah HaLevi Horowitz (The Holy Shlah), *In Ten Utterances*, "Sixth Utterance."

65. Rabbi Shimon Ashkenazi, *Yalkut Shimoni* [*The Shimoni Anthology*], Micah, Chapter 7, continuation of intimation no. 556.

66. *Midrash Rabah, Shemot* [Exodus], Portion 30, Paragraph 17.

67. Ramchal (Rav Moshe Chaim Lozzatto), *Daat Tevunot*, 154, 165.

68. Rav Yehuda Leib HaLevi Ashlag (Baal HaSulam), *The Writings of Baal HaSulam, Shamati* [I Heard], Article no. 5, "*Lishma* Is an Awakening from Above, and Why Do We Need an Awakening from Below" (Ashlag Research Institute, Israel, 2009), 518.

69. *Midrash Rabah, Kohelet* [Ecclesiastes], Portion 1, Paragraph 34.

70. Rabbi Isaiah HaLevi Horowitz (The Holy Shlah), "Gate of Letters," Item 60, "Satisfaction."

71. Ramchal (Rav Moshe Chaim Lozzatto), *Daat Tevunot*, 154, 165.

72. Maimonides, *Yad HaChazakah* (*The Mighty Hand*), Part 1, "The Book of Science," Chapter 1, Item 3.

73. Rabbi Shlomo Ben Yitzhak (RASHI), *The RASHI Interpretation on the Torah*, "On Exodus, 19:2."

74. Babylonian Talmud, *Masechet Sanhedrin*, p 94b.

75. "It is called 'The Land of Canaan' because all who wish to dwell in it must be subjugated by suffering all his days" (Rav Chaim Vital (Rachu), *The Book of Knowledge of Good, Bo* [Come])

76. Midrash *Tehilim* [Psalms], Psalm no. 34.

77. Rabbi Chaim Thirer, *A Well of Living Waters, Toldot* [Generations], Chapter 25 (contd.).

78. Rabbi Behayei Ben Asher Even Halua, *Rabeinu Behayei about Beresheet* [Genesis], 46:27.

79. Rabbi Yisrael Segal, *Netzah Yisrael* [*The Might of Israel*], Chapter 5.

80. Rabbi Abraham Ben Meir Ibn Ezra, *Ibn Ezra about the Song of Songs*, 7:3.

81. Rabbi Menahem Nahum of Chernobyl, *Maor Eynaim* [*Light of the Eyes*], *Beresheet* [Genesis].

82. Jonathan ben Natan Netah Eibshitz, *Yaarot Devash* [*Honeycombs*], Part 1, Treatise no. 13 (contd.).

83. Abraham Ben Mordechai Azulai, Introduction to the book, *Ohr HaChama* (*Light of the Sun*), 81.

84. Rav Chaim Vital, *The Writings of the Ari, Tree of Life*, Part One, "Rav Chaim Vital's Introduction," 11-12

85. The Vilna Gaon (GRA), *Even Shlemah* (*A Perfect and Just Weight*), Chapter 11, Item 3

86. Rav Yitzhak Yehuda Yehiel of Komarno, *Notzer Hesed* [*Keeping Mercy*], Chapter 4, Teaching 20

87. Rav Yitzhak HaCohen Kook (the Raiah), *Orot* [*Lights*], 95.

88. Rav Yitzhak HaCohen Kook (the Raiah), *Otzrot HaRaiah* [*Treasures of the Raiah*], 2, 317

89. Rav Moshe Chaim Lozzatto (Ramchal), *Adir BaMarom* [*The Mighty One On High*], "Explanation of Daniel's Dream" (Warsaw, 1885).

90. Rav Moshe Chaim Lozzatto (Ramchal), *The Commentary of Ramchal on the Torah, BaMidbar* [Numbers].

91. Rav Yitzhak HaCohen Kook (the Raiah), *Letters the Raiah* vol. 2, 34.

92. Rav Yitzhak HaCohen Kook (the Raiah), *Orot* [*Lights*], 16.

93. Rav Yehuda Leib HaLevi Ashlag (Baal HaSulam), *The Writings of Baal HaSulam*, "Messiah's *Shofar*" (Ashlag Research Institute, Israel, 2009), 457.

94. Rav Yehuda Leib HaLevi Ashlag (Baal HaSulam), *The Writings of Baal HaSulam*, "The *Arvut* [Mutual Guarantee]," item 28 (Ashlag Research Institute, Israel, 2009), 397.

95. Rav Moshe Chaim Lozzatto (Ramchal), *The Commentary of Ramchal on the Torah, BaMidbar* [Numbers].

96. Yitzhak Isaac Hever Wildman, *Beit Olamim* [*A House Everlasting*] (Warsaw, 1889), 130a.

97. Rav Moshe Chaim Lozzatto (Ramchal), *Essay of the Tenets*, (Oybervisha (Felsövisó) Romania, 1928), 15. Online source: http://www.hebrewbooks.org/33059

98. Rav Abraham Isaac HaCohen Kook (Raaiah) (appeared in *HaPeles*, a rabbinical magazine, Berlin, Germany, 1901) (A. The Vocation of Israel and Its Nationality, Chapter 1, p 26).

99. HaRav Avraham Yitzchak HaCohen Kook, *Letters of the RAAIAH 3*, 194-195.

100. Rav Abraham Isaac HaCohen Kook (Raaiah), *Ein Ayah* [*A Hawk's Eye*], Shabbat 1, p 188.

101. Rabbi Naphtali Tzvi Yehuda Berlin (The *NATZIV* of Volojin), *Haamek Davar* [*Delve Deep in the Matter*] about *Devarim* [Deuteronomy], Chapter 27:5.

102. Johannes Reuchlin, *De Arte Cabbalistica* (Hagenau, Germany: Tomas Anshelm, March, 1517), 126.

103. Source: *A Book of Jewish Thoughts*, ed. J. H. Hertz (London: Oxford University Press, 1920), 134.

104. Paul Johnson, (Christian historian), *A History of the Jews* (New York: First Perennial Library, 1988), 585-6.

105. Thomas Cahill, *The Gifts of the Jews: How a Tribe of Desert Nomads Changed the Way Everyone Thinks and Feels* (New York: Nan A. Talese/Anchor Books (imprints of Doubleday), 1998), 3.

106. Rabbi Shmuel Bornstein, *Shem MiShmuel* [*A Name Out of Samuel*], *Miketz* [At the End], *TARPA* (1921).

107. Rav Yehuda Leib HaLevi Ashlag (Baal HaSulam), *The Writings of Baal HaSulam*, "The Wisdom of Kabbalah and Philosophy" (Ashlag Research Institute: Israel, 2009), 38.

108. Terrot Reavely (T.R.) Glover, *The Ancient World* (US: Penguin Books, 1944), 184-191.

109. Herman Rauschning, *The Beast From the Abyss* (UK: W. Heinemann, 1941), 155-56.

110. Josephus Flavius, *The Wars of the Jews*, Chapter 1, translated by William Whiston in *The Works of Flavius Josephus* (UK: Armstrong and Plaskitt AND Plaskitt & Co., 1835), 564

111. William Whiston, *The Works of Flavius Josephus*, 565.

112. Yaakov (Jacob) Leschzinsky, *The Jewish Dispersion* (Israel, World Zionist Organization, 1961), 9.

113. The Holy ARI, *Eight Gates, Shaar HaPsukim* [Gate to Verses], *Parashat Shemot* [Portion, Exodus].

114. Rabbi Naphtali Tzvi Yehuda Berlin (The *NATZIV* of Volojin), *Haamek Davar* [*Delve Deep in the Matter*] about *Devarim* [Deuteronomy], Chapter 27:5.

115. Rav Yehuda Leib HaLevi Ashlag (Baal HaSulam), *The Writings of Baal HaSulam*, "Essays of *Shamati* [I Heard]," essay no. 86, "And They Built Store-Cities" (Ashlag Research Institute, Israel, 2009), 591.

116. ibid.

117. Rav Yehuda Leib HaLevi Ashlag (Baal HaSulam), *The Writings of Baal HaSulam*, "The *Arvut* [Mutual Guarantee]" (Ashlag Research Institute: Israel, 2009), 393.

118. Rav Yehuda Leib HaLevi Ashlag (Baal HaSulam), *The Writings of Baal HaSulam*, "A Handmaid that Is Heir to Her Mistress" (Ashlag Research Institute, Israel, 2009), 454.

119. *Midrash Rabah*, "Song of Songs," *Parasha* no. 4, 2nd paragraph.'

120. Babylonian Talmud, *Masechet Pesachim*, p 87b.

121. Yehuda Leib Arie Altar (ADMOR of Gur), *Sefat Emet* [*Truthful Lips*], *Parashat Yitro* [Portion, Jethro], *TARLAZ* (1876).

122. Hillel Tzaitlin, *The Book of a Few* (Jerusalem, 1979), 5.

123. Rav Yehuda Leib HaLevi Ashlag (Baal HaSulam), *The Writings of Baal HaSulam*, "The Love of God and the Love of Man" (Ashlag Research Institute, Israel, 2009), 486.

124. Johann Wolfgang von Goethe, *Wilhelm Meisters Lehrjahre* (Berlin (Germany), Johann Friedrich Unger, 1795-1796), 359.

125. Glover, *The Ancient World*, 184-191.

126. Ernest van den Haag, *The Jewish Mystique* (US, Stein & Day, 1977), 13.

127. Blaise Pascal, *Pensees*, trans. W.F. Trotter, Introduction by T.S. Eliot (Benediction Books, 2011), 205.

128. Ashlag, *Talmud Eser Sefirot* (*The Study of the Ten Sefirot*), Part 1, "Introduction to the Study of the Ten Sephirot," 31.

129. Babylonian Talmud, *Masechet Hulin*, p 89a.

130. Maimonides, *The Writings of Rambam* [Maimonides], "The Ethics of the Rambam to His Son, Rabbi Abraham."

131. Elimelech of Lizhensk, *Noam Elimelech* (*The Pleasantness of Elimelech*), *Parashat Beshalach* [Portion, "When Pharaoh Sent"].

132. Rabbi Jacob Joseph Katz, *Toldot Yaakov Yosef* [*The Generations of Jacob Joseph*], *BeShalach* [When Pharaoh Sent], item 1.

133. Rabbi Katz, *Toldot Yaakov Yosef* [*The Generations of Jacob Joseph*], *Acharei* [After the Death], item 1.

134. Jonathan ben Natan Netah Eibshitz, *Yaarot Devash* [*Honeycombs*], Part 2, Treatise no. 10.

135. Rav Yehuda Leib HaLevi Ashlag, *Shamati* [*I Heard*], essay no. 144, "There Is a Certain People" (Canada, Laitman Kabbalah Publishers, 2009), 300.

136. ibid.

137. Rav Avraham Yitzchak HaCohen Kook (Raaiah), *Essays of the Raaiah*, vol. 1, pp 268-269.

138. Rav Yehuda Leib HaLevi Ashlag (Baal HaSulam), *The Writings of Baal HaSulam*, "The Freedom" (Ashlag Research Institute, Israel, 2009), 420.

139. Babylonian Talmud, *Masechet Sanhedrin*, 97b.

140. Babylonian Talmud, *Masechet Avodah Zarah* [Idolatry], 2b.

141. New Testament, John 4:22

142. New Testament, Romans 3:1-2

143. Martin Gilbert, *Churchill and the Jews* (UK, Simon & Schuster, 2007), 38.

144. *A Book of Jewish Thoughts*, ed. J. H. Hertz (Oxford University Press, 1920), 131

145. Professor Huston Smith, *The Religions of Man* (New York: HarperCollins, 1989).

146. Leo Tolstoy, "What is the Jew?" quoted in *The Final Resolution*, p 189, printed in *Jewish World* periodical, 1908.

147. Paul Johnson, (Christian historian), *A History of the Jews* (New York, First Perennial Library, 1988), 2

148. Rav Yitzhak HaCohen Kook (the Raiah), *Essays of the Raaiah*, vol. 2, "The Great Call for the Land of Israel," 323.

149. Aaron Soresky, "The ADMOR, Rabbi Yehuda Leib Ashlag ZATZUKAL—Baal HaSulam: 30th Anniversary of His Departure," *Hamodia*, 9, Tishrey, TASHMAV (September 24, 1985).

150. Rav Avraham Yitzchak HaCohen Kook (Raaiah), *Essays of the Raaiah*, vol. 1, pp 268-269.

151. Rav Yehuda Leib HaLevi Ashlag (Baal HaSulam), *The Writings of Baal HaSulam*, "The Writings of the Last Generation" (Ashlag Research Institute, Israel, 2009), 853.

152. Rav Yehuda Leib HaLevi Ashlag (Baal HaSulam), *The Writings of Baal HaSulam*, "The Writings of the Last Generation" (Ashlag Research Institute, Israel, 2009), 841.

153. Henry Ford, *The International Jew—The World's Foremost Problem* (The Noontide Press: Books On-Line), 40.

154. Henry Ford, *The International Jew—The World's Foremost Problem* (The Noontide Press: Books On-Line), 8.

155. Henry Ford, *The International Jew—The World's Foremost Problem* (The Noontide Press: Books On-Line), 28.

156. John Adams, in a letter to F. A. Vanderkemp (16 February 1809), as quoted in *The Roots of American Order* (1974) by Russel Kirk.

157. Mark Twain, *The Complete Essays of Mark Twain*, "Concerning The Jews" (published in Harper's Magazine, 1899), Doubleday, [1963], pg. 249.

158. Martin Gilbert, *Churchill and the Jews* (UK, Simon & Schuster, 2007), 16.

159. Ronnie S. Landau, *The Nazi Holocaust: Its History and Meaning* (US, Ivan R. Dee, 1994), 137.

160. "Decisions Taken at the Evian Conference On Jewish Refugees" (July 14, 1938), *Jewish Virtual Library*, url: http://www.jewishvirtuallibrary.org/jsource/Holocaust/evian.html

161. Yad Vashem, Shoah Resource Center, "Evian Conference," url: http://www1.yadvashem.org/odot_pdf/Microsoft%20Word%20-%206305.pdf

162. Yad Vashem, "Related Resources, Evian conference," url: http://www1.yadvashem.org/yv/en/exhibitions/this_month/resources/evian_conference.asp

163. Baal HaSulam, *The Writings of Baal HaSulam*, "The Writings of the Last Generation," 832-833.

164. Eric Hoffer, *Los Angeles Times*, May 26, 1968

165. From M.L. King Jr., "Letter to an Anti-Zionist Friend," *Saturday Review* XLVII (August 1967), p. 76 Reprinted in M.L. King Jr., "This I Believe: Selections from the Writings of Dr. Martin Luther King Jr."), url: http://www.internationalwallofprayer.org/A-022-Martin-Luther-King-Zionism.html

166. U.S. Department of State, "Report on Global Anti-Semitism (January 5, 2005), url: http://www.state.gov/j/drl/rls/40258.htm

167. Ruth Ellen Gruber, "Anti-Semitism without Jews," url: http://www.annefrank.org/ImageVaultFiles/id_11774/cf_21/Gruber.pdf

168. Robert Fulford, "Anti-Semitism without Jews in Malaysia," *National Post* (October 6, 2012), url: http://fullcomment.nationalpost.com/2012/10/06/robert-fulford-anti-semitism-without-jews-in-malaysia/

169. ibid.

170. Rabbi Nathan Neta Shapiro, *Reveals Deep Things, Parashat Shemot* [Exodus].

171. The *haftarah* (parting) reading follows the Torah reading on each Sabbath and on Jewish festivals and fast days. The reader of the *haftarah* is called *maftir*.

172. "Diaspora," *The Jewish Encyclopedia*, url: http://www.jewishencyclopedia.com/articles/5169-diaspora.

173. ibid.

174. ibid.

175. Dan Cohn-Sherbok, *The Paradox of Anti-Semitism* (UK: Continuum International Publishing Group, 2006), XIV (Preface).

176. William Whiston, *The Works of Flavius Josephus*, 565.

177. ibid.

178. Josephus Flavius, *Antiquities of the Jews*, XIV, 115.

179. "Diaspora," *The Jewish Encyclopedia*, url: http://www.jewishencyclopedia.com/articles/5169-diaspora.

180. Norman Roth, *Jews, Visigoths, and Muslims in Medieval Spain: cooperation and conflict* (The Netherlands, E.J. Brill, 1994), 2.

181. ibid.

182. Jane S. Gerber, *The Jews of Spain: A History of the Sephardic Experience* (New York, Free Press; November 2, 1992), Kindle edition.

183. ibid.

184. Rabbi Shimon Bar Yochai (Rashbi), *The Book of Zohar* (with the *Sulam* [Ladder] Commentary by Baal HaSulam, *Noah*, vol. 3, item 385 (Jerusalem), 132.

185. Michael Grant, *From Alexander to Cleopatra: the Hellenistic World* (New York: Charles Scribner & Sons, 1982), 75.

186. Quoted in *The Treasury of Religious and Spiritual Quotations* (US, Readers Digest, January 1, 1994), 280.

187. Jacob Rader Marcus, *The Jew in the Medieval World: A Sourcebook: 315-1791,* (US: Hebrew Union College Press, 1999), 60-61.

188. ibid.

189. Dr. Erwin W Lutzer with Steve Miller, *The Cross in the Shadow of the Crescent: An Informed Response to Islam's War with Christianity* (Harvest House Publishers, Oregon, 2013), 65.

190. Israel Zinberg, *History of Jewish Literature: The Jewish Center of Culture in the Ottoman Empire*, Vol 5 (New York, Ktav Pub. House, 1974), 17 .

191. Hillel Tzaitlin, *The Book of a Few* (Jerusalem, 1979), 5.

192. Sol Scharfstein, *Understanding Jewish History: From Renaissance to the 21st Century* (Printed in Hong Kong, Ktav Publishing House, 1997), 163-164.

193. Salo W. Baron, "Ghetto and Emancipation: Shall We Revise the Traditional Views?" in: *The Menorah Treasury: Harvest of Half a Century* (Philadelphia: Jewish Publication Society of America, 1964), 52.

194. Salo W. Baron, "Ghetto and Emancipation: Shall We Revise the Traditional Views?" in: *The Menorah Treasury: Harvest of Half a Century*, 54-55.

195. Rabbi Shmuel Bornstein, *Shem MiShmuel* [*A Name Out of Samuel*], *VaYakhel* [And Moses Assembled], *TAR'AV* (1916)

196. *Assimilation and Community: The Jews in Nineteenth-Century Europe*, Ed: Jonathan Frankel, Steven J. Zipperstein (UK, Cambridge University Press, 1992), 8.

197. *Assimilation and Community: The Jews in Nineteenth-Century Europe*, Ed: J. Frankel, S.J. Zipperstein, 12.

198. "Emancipation," *Jewish Virtual Library*, url: http://www.jewishvirtuallibrary.org/jsource/judaica/ejud_0002_0006_0_05916.html

199. Werner Eugen Mosse, *Revolution and Evolution: 1848 in German-Jewish History* (Germany, J.C.B. Mohr (Paul Siebeck) Tubingen, 1981), 255-256.

200. Eugen Mosse, *Revolution and Evolution: 1848 in German-Jewish History*, 260.

201. Donald L. Niewyk, *The Jews in Weimar Germany* (New Jersey, Transactions Publishers, New Brunswick, 2001), 95.

202. Niewyk, *The Jews in Weimar Germany*, 84.

203. ibid.

204. Cohn-Sherbok, *The Paradox of Anti-Semitism*, XIV (Preface).

205. Adolf Hitler, *Mein Kampf* (US, Noontide Press, 2003), 51.

206. Ludwig Feuerbach, *The Essence of Christianity*, trans. Marian Evans (London, John Chapman, 1843), 113.

207. *Assimilation and Community: The Jews in Nineteenth-Century Europe*, Ed: Jonathan Frankel, Steven J. Zipperstein, 12.

208. "Conservative Judaism," *The Encyclopaedia Britannica*, url: http://www.britannica.com/EBchecked/topic/133461/Conservative-Judaism

209. Michael A. Meyer, *Response to Modernity: A History of the Reform Movement in Judaism* (Detroit, US: Wayne State University Press, 1995), 226.

210. Meyer, *Response to Modernity: A History of the Reform Movement in Judaism*, 227.

211. Reform Judaism: A Centenary Perspective, Adopted in San Francisco – 1976 (Oct. 27, 2004), url: http://ccarnet.org/rabbis-speak/platforms/reform-judaism-centenary-perspective/

212. ibid.

213. Rav Yehuda Leib HaLevi Ashlag (Baal HaSulam), *The Writings of Baal HaSulam*, "Introduction to the Book of Zohar" (Ashlag Research Institute, Israel, 2009), 450-453.

214. ibid.

215. ibid.

216. ibid.

217. Rav Yehuda Leib HaLevi Ashlag (Baal HaSulam), *The Writings of Baal HaSulam*, "The Nation" (Ashlag Research Institute, Israel, 2009), 489.

218. ibid.

219. Rav Yehuda Leib HaLevi Ashlag, *Shamati* [*I Heard*], essay no. 144, "There Is a Certain People" (Canada, Laitman Kabbalah Publishers, 2009), 300.

220. Adolf Hitler, *Mein Kampf* (The Noontide Press: Books On-Line), 219, url: www.angelfire.com/folk/bigbaldbob88/MeinKampf.pdf

221. "Roger Federer: 2016 Games possible," *Associated Press*, July 26, 2012, url: http://espn.go.com/olympics/summer/2012/tennis/story/_/id/8202865/roger-federer-leaning-competing-rio-2016-body-holds-up.

222. *School for Culture Education, Be'eri Program*, Shalom Hartman Institute, June 26, 2011. url: http://medaon.org/files/zehutariel.pdf.

223. *Pirkey de-Rabbi Eliezer* (Chapters of Rabbi Eliezer), Chapter 24.

224. Midrash Rabah, *Beresheet* [Genesis], *Parasha* 39, Paragraph no. 3.

225. Rabbi Behayei Ben Asher Iben Haluah, *Rabeinu* [our Rav] *Behayei, Beresheet* [Genesis] 15:6.

226. Associated Press, "Recession will likely be longest in postwar era," MSNBC (March, 2009), http://www.msnbc.msn.com/id/29582828/wid/1/page/2/

227. Clive Thompson, "Are Your Friends Making You Fat?", *The New York Times* (September 10, 2009), http://www.nytimes.com/2009/09/13/magazine/13contagion-t.html?_r=1&th&emc=th

228. ibid.

229. ibid.

230. ibid.

231. "Nicholas Christakis: The hidden influence of social networks" (a televised talk, quote taken from minute 17:11), TED 2010, http://www.ted.com/talks/nicholas_christakis_the_hidden_influence_of_social_networks.html

232. Anthony Giddens, *Runaway World: How Globalization Is Reshaping Our Lives* (N.Y., Routledge, 2003), 6-7.

233. Dr. Leandro Herrero, Homo Imitans: The Art of Social Infection: Viral Change in Action (UK: Meetingminds Publishing, 2011), 4.

234. ibid.

235. Pascal Lamy "Lamy underlines need for 'unity in our global diversity,'" *World Trade Organization* (WTO) (June 14, 2011), http://www.wto.org/english/news_e/sppl_e/sppl194_e.htm

236. Christian Jarrett, Ph.D, "Mirror Neurons: The Most Hyped Concept in Neuroscience?" *Psychology Today* (December 10, 2012), url: http://www.psychologytoday.com/blog/brain-myths/201212/mirror-neurons-the-most-hyped-concept-in-neuroscience

237. ibid.

238. Nicholas A. Christakis, *James H. Fowler, Connected: The Surprising Power of Our Social Networks and How They Shape Our Lives -- How Your Friends' Friends' Friends Affect Everything You Feel, Think, and Do* (USA, Little, Brown and Company, January 12, 2011), 305.

239. Maimonides, *Yad HaChazakah* (*The Mighty Hand*), Part 1, "The Book of Science," Chapter 1, Item 3.

240. Rav Yehuda Leib HaLevi Ashlag (Baal HaSulam), *The Writings of Baal HaSulam*, "The Freedom" (Israel: Ashlag Research Institute, 2009), 414.

241. "Evolution Can Occur in Less Than Ten Years," *Science Daily* (June 15, 2009), http://www.sciencedaily.com/releases/2009/06/090610185526.htm

242. John Cloud, "Why Your DNA Isn't Your Destiny," *Time Magazine* (January 06, 2010), url: http://www.time.com/time/magazine/article/0,9171,1952313,00.html.

243. ibid.

244. Rav Yehuda Leib HaLevi Ashlag (Baal HaSulam), *The Writings of Baal HaSulam*, "The Freedom," 419.

245. ibid.

246. ibid.

247. Rav Yehuda Leib HaLevi Ashlag (Baal HaSulam), *The Writings of Baal HaSulam*, "The Freedom," 419.

248. ibid.

249. Quoted from the film, *Crossroads: Labor Pains of a New Worldview*, by Joseph Ohayon, published December 31, 2012, on Youtube, url: https://www.youtube.com/watch?v=5n1p-9P5ee3c, 2:53 from the beginning.

250. Thomas J. Murray, Ed.D., "What is the Integral in Integral Education? From Progressive Pedagogy to Integral Pedagogy," *Integral Review* (June 2009), Vol. 5, No. 1, p 96.

251. http://en.wikipedia.org/wiki/Integral_education.

252. http://www.merriam-webster.com/dictionary/homeostasis

253. T. Irene Sanders and Judith McCabe, PhD, *The Use of Complexity Science: a Survey of Federal Departments and Agencies, Private Foundations, Universities, and Independent Education and Research Centers*, October 2003, Washington Center for Complexity & Public Policy, Washington, DC. url: www.hcs.ucla.edu/DoEreport.pdf

254. Rav Yehuda Leib HaLevi Ashlag (Baal HaSulam), *The Writings of Baal HaSulam*, 44.

255. Jon R Katzenbach & Douglas K Smith, *The Wisdom of Teams: Creating the High-Performance Organization* (US: Harvard Business School Press, January 1, 1992), 37-38.

256. U.S. Department of Education, "Media Guide—Helping Your Child Through Early Adolescence," http://www2.ed.gov/parents/academic/help/adolescence/index.html

257. University of Michigan Health System, "Television and Children," http://www.med.umich.edu/yourchild/topics/tv.htm

258. ibid.

259. Barbara M. Newman and Philip R. Newman, *Development Through Life: A Psychosocial Approach* (Belmont, CA: Wadsworth Cengage Learning, 2008), 250

260. Elliot Aronson, *The Social Animal*, pp 153-54, quoted in: Alfie Kohn, *No Contest: The Case Against Competition* (NY: Houghton Mifflin Company, 1986), 2.

261. Jeffrey Norris, "Yamanaka's Nobel Prize Highlights Value of Training and Collaboration," UCSF News Section (October 11, 2012), url: http://www.ucsf.edu/news/2012/10/12949/yamanakas-nobel-prize-highlights-value-training-and-collaboration

262. ibid.

263. David W. Johnson and Roger T. Johnson, "An Educational Psychology Success Story: Social Interdependence Theory and Cooperative Learning," *Educational Researcher* 38 (2009): 365, doi: 10.3102/0013189X09339057

264. Johnson and Johnson, "Educational Psychology Success Story," 368

265. Books on narcissism in the American society abound. Good examples are: Jean M. Twenge and W. Keith Campbell, *The Narcissism Epidemic: Living in the Age of Entitlement* (New York: Free Press, A Division of Simon & Schuster, Inc. 2009), and Christopher Lasch, *The Culture of Narcissism: American Life in an Age of Diminishing Expectations* (USA: Norton & Company, May 17, 1991)

266. ibid.

267. ibid.

268. Johnson and Johnson, "Educational Psychology Success Story," 371

269. ibid.

270. Midrash Rabah, *Beresheet* (Genesis), Portion 38, Paragraph 6.

271. Rabbi Nathan Sternhertz, *Likutey Halachot* [*Assorted Rules*], "Rules of *Tefilat Arvit* [Evening Prayer]," Rule no. 4.

272. Rav Yehuda Leib HaLevi Ashlag (Baal HaSulam), *The Writings of Baal HaSulam*, "The *Arvut* [Mutual Guarantee]," item 28 (Ashlag Research Institute, Israel, 2009), 393.